DER Bastel KÖNIG

Das große Bastel-Ideenbuch für die ganze Familie

Mit spannenden **Spielideen** zum Mitmachen!

SAT.1

Inhalt

Vorwort 4

Zum Sofort-Loslegen

Schweinchen aus Salzteig	12
Klappmaulfrösche	13
Eier färben	16
Fußballspiel mit Korken-Spielern	22
Windbälle zum Pusten	28
Bunter Kreisel	32
Monster aus Eierkartons	38
Kartoffel-Theater	42
Fingertheater aus Erdnusshälften	48
Tausendfüßler	52
Schafherde aus Hexentreppen	60
Ostereier mit Fingerdruck	61
Zwölfzackiger Steckstern	68
Malerhut	70
Kastanienfiguren	72
Berüchtigter Pirat	78
Faschingsmasken	82
Freches Krokodil	90
Tüte aus Servietten	94
Vier kleine Frösche	100
Papierkrone für den Bastelkönig	104
Kopfschmuck mit Kartoffelndruck	108
Faszinierende Windmühle	112
Schwungvolle Monster	118
Papierballon zum Aufpusten	122

Für Fortgeschrittene

Hasenportraits	14
Bemalte Hände	20
Muffins	21
Pompon-Mäuse	24
Sockenpuppe mit Krone	30
Schminkgesicht Hund Husky	34
Muntere Fröbelfische	40
Perlentiere Hahn und Eule	44

Originelle Murmelbahn 50
Freundschaftsbänder 56
Rennautos aus Recyclingmaterial 62
Kunterbunte Fische 66
Der gefilzte Froschkönig 76
Witzige Rasseln 80
Der Origami-Kranich 86
Perlentiere Kakadu und Löwe 92
Marionette-Tiere 98
Fadenspannbilder 102
Sommerwiese aus Acryl 114
Pappmaché-Vögel 120
Ausgefallene Freundschaftsbänder 124

Outdoor-Projekte

Sommerski 18
Kopfschmuck aus Wiesenblumen 26
Indiakas 27
Bauernhof-Trio aus Stein 36
Pfeilschneller Papierflieger 46
Lustige Kegeltiere 47
Piratenfloß 54
Drachenspaß 58
Mikado-Stäbe 64
Jonglierbälle aus Luftballons 74
Dosenwerfen im Sommer 84
Frisbeescheiben 85
Stelzen zum Stampfen 88
Segelschiff-Flotte 96
Wurfspiel aus Holz 106
Kleine Kürbisköpfe 110
Styropor®-Boot auf hoher See 116
Katapult aus Holz 126

Der Bastelkönig – die Sendung 6
Grundausstattung 128
Grundanleitungen 130

Vorwort

Dieses Buch soll Spaß machen! Es ist ideal für Familien, Freunde, Schulklassen, Kinder und Erwachsene, Fans der gleichnamigen Sat1 Fernsehsendung – eben für alle, die gerne Bastelkönig werden möchten. Die Bastelideen in diesem Buch sind daher ganz unterschiedlich: Es wird geklebt, gesägt, gemalt, gefilzt und gebastelt; mit Papier, Holz, alten Plastikflaschen und leeren Eierkartons. Alles was Spaß macht ist erlaubt! Damit auch jede Bastelarbeit gelingt, werden im hinteren Teil des Buches einige Grundtechniken genau erklärt. Bevor du nun mit dem Basteln loslegst, solltest du noch drei Kleinigkeiten beachten:

1. Werkzeug und Material

Für viele Bastelideen benötigst du passendes Werkzeug und Material. Jede Bastelseite hat deshalb eine Materialliste, die dir sagt, welche Ausrüstung du brauchst. Einige Dinge wie Schere, Kleber und Stift musst du immer wieder zur Hand haben. Diese Werkzeuge sind deine Grundausstattung und stehen daher nicht mehr in den Materiallisten. Auf Seite 138 erfährst du genau, welche Grundmaterialien einem Bastelkönig nicht fehlen sollten.

2. Kategorien

Jede Bastelseite gehört zu einer von drei Kategorien. Je nach dem wie viel Zeit du gerade hast, wie viel Material dir zur Verfügung steht oder wie das Wetter ist, kannst du gezielt nach Ideen suchen.

Zum Sofort-Loslegen:

Alle Bastelideen dieser Kategorie gehen schnell und sind recht einfach. Außerdem sind die Materiallisten schön kurz, das heißt: Wahrscheinlich findest du alle Materialien bei dir zuhause und kannst sofort loslegen.

Für Fortgeschrittene:

Für diese Bastelideen solltest du ein bisschen mehr Zeit einplanen. Dafür kannst du dich hier kleinen und großen Herausforderungen stellen und neue Basteltechniken kennenlernen.

Outdoor-Projekte:

Die Bastelideen dieser Kategorien sind für alle, die es beim ersten Sonnenstrahl an die frische Luft zieht. Die meisten Modelle kannst du zwar auch im Haus basteln, spätestens jedoch wenn du dein Astfloß schwimmen oder deinen Drachen steigen lassen möchtest, geht es raus in die Natur.

3. Werde Bastelkönig!

Das Besondere an diesem Buch ist, dass es gleichzeitig ein Spiel ist. So wie die Stars in der Fernsehshow, kannst du dich mit deinen Freunden oder Familienmitgliedern den Bastelherausforderungen stellen. Dazu müsst ihr mindestens zu dritt sein, da ihr einen Moderator und mindestens zwei Kandidaten braucht. Der Moderator wählt die Bastelaufgabe aus und ist gleichzeitig der Schiedsrichter des Spiels. Da er die Ergebnisse oft bewertet und so über Sieg und Niederlage entscheidet, sollte es natürlich jemand sein, der fair entscheidet! Der Moderator liest den Kanditaten die Bastelaufgabe vor. Diese steht auf jeder Seite in dem Kasten: *Werde Bastelkönig!* Und jetzt kann's losgehen!

Der Gewinner bekommt so viele Punkte, wie 👑 auf der Seite abgebildet sind. Gespielt wird so lange, wie ihr Lust habt. Derjenige, der am Ende des Tages die meisten Punkte hat, darf sich von nun an „Bastelkönig" nennen. Für alle anderen heißt es weiterhin: basteln, basteln, basteln.

Und nun: Loslegen und Bastelkönig werden!

DER BASTEL KÖNIG

Wigald Boning und Uwe Ochsenknecht

Wer stellt sich der Herausforderung ...

Mirco Nontschew und Janine Kunze

Rolfe Scheider und Jana Ina Zarella

Socken, bunte Knöpfe, Füllwatte und Heißklebepistole - in vier Minuten zaubern Janine Kunze und Mirco Nontschew eine erstklassige Sockenpuppe.

ob geklebt,

gestempelt oder gefaltet, ...

Welches Team faltet in zweieinhalb Minuten Papierflieger mit Flugqualitäten?

Basteljury auf Zack: Jurymitglied Emma schaut Wigald Boning und Uwe Ochsenknecht beim Basteln auf die Finger.

Die Sendung

Der Härtetest: Welcher Papierflieger bleibt am längsten in der Luft?

Showtime! Die Teams präsentieren ihre Sockenpuppen in einem einminütigen Comedy-Programm.

... jedes Kunstwerk wird auf eine harte Probe gestellt!

Zufrieden: Wigald Boning und Uwe Ochsenknecht haben ihr Korkenfloß erfolgreich über die Ziellinie gepustet.

Nun ist es an dir:
Werde Bastelkönig!

Die Sendung

Wir wünschen dir, deiner Familie und deinen Freunden viele bunte, kreative und spannende Stunden mit Kleber, Schere und Papier!

Werde Bastelkönig!

Ratespiel

Außer Schweinchen kannst du mit Salzteig noch viele andere Tiere formen. Starte zeitgleich mit deinen Mitspielern und modelliere ein Tier deiner Wahl. Der Spieler mit dem Tier, das vom Moderator als erstes erraten wird, gewinnt die Punkte.

Drei Schweinchen aus Salzteig

Material

Acrylfarbe in Braun, Rot, Pink, Rosa, Weiß und Schwarz ○ Salzteig, Rezept siehe Seite 131 ○ Zahnstocher

**GRUNDANLEITUNG
Arbeiten mit Salzteig**

Der Körper des Schweinchens besteht aus einer Kugel mit ø 2,5 cm, der Kopf aus einer Kugel mit ø 2 cm. Für das Ringelschwänzchen eine dünne Teigrolle drehen und aufsetzen. Für die Beine eine Rolle (ø 8 mm) formen, vier 8 mm lange Stücke abschneiden und am Körper befestigen. Die Ohren und die Schnauze aus kleinen Teigstücken formen. Zwei Nasenlöcher einstechen.

Klappmaulfrösche

Material

Pappteller ○ Fotokartonrest in Schwarz ○ Styropor®-Kugel, ø 5 cm ○ Acrylfarbe in Rot und Gelb oder Hellgrün

1. Den Pappteller in der Mitte falten, wieder öffnen und die Oberseite bis auf einen schmalen Rand rot anmalen. Den Teller wieder zusammenklappen und als Kopfoberteil einen halben Pappteller aufkleben. Das Oberteil nur am geriffelten Tellerrand mit Klebstoff bestreichen. Den Frosch gelb oder hellgrün bemalen.

2. Die Styropor®-Kugel mit einem Messer mit glatter Klinge oder mit einer Thermosäge („heißer Draht") halbieren. Die Pupillen aus Karton ausschneiden und mit Styropor®-Kleber aufkleben. Evtl. mit weißem Lackmalstift Lichtreflexe auf die Pupillen setzen. Die Styropor®-Augen mit Styropor®-Kleber auf den Kopf kleben und die Nasenlöcher mit Filzstift aufmalen.

Werde Bastelkönig!

Frosch-Konzert

Frösche quaken für ihr Leben gern! Aber wessen Frosch quakt am schönsten? Um das herauszufinden, überlegt sich jeder ein bekanntes Lied. Auf drei beginnen alle Frösche ihr Lied zu quaken. Sieger ist der, dessen Lied vom Moderator als erstes erkannt wird.

Fantasievolle Hasenportraits

Material

Acrylfarbe in Ocker, Blau, Weiß und Schwarz ○ Kreppklebeband, 2 cm breit ○ Keilrahmen, 20 cm x 20 cm ○ Borstenflachpinsel Nr. 4 ○ Kunsthaarrundpinsel (Aquarellpinsel) Nr. 2 ○ Palette

GRUNDANLEITUNG
Vorlagen übertragen

1. Zunächst das Hasenmotiv von der Vorlage auf den Keilrahmen übertragen. Dann blaue und weiße Farbe auf die Palette geben und mischen. Anschließend den Hintergrund, auch um die Kanten herum, mit dieser Mischung ausmalen und dabei den Hasen aussparen. Dazu den Borstenflachpinsel verwenden (Abb.1).

2. Beginne den Hasen an den hellsten Stellen auszumalen. Dafür den Grundfarbton Ocker mit Weiß vermischen und einsetzen. Hell ist es dort, wo besonders viel Licht auftrifft oder der Hase helles Fell besitzt. Dabei kurze Striche machen, die der Wachstumsrichtung der Fellhaare folgen (Streichel- oder Formlinienrichtung). Dann mit der Grundfarbe das übrige Fell in gleicher Weise malen. Anschließend die Grundfarbe mit Schwarz abdunkeln und die Schattenbereiche damit ausmalen.

3. Zusätzlich kann noch ein Rahmen gemalt werden. Dazu mit Kreppklebeband einen Rand um das Bild herum abkleben. Dabei das Band an der Außenkante des Keilrahmens anlegen und nach innen hin fixieren (Abb.2). Bei hellen Hasen einen dunkleren Ton für die innere Hintergrundfläche wählen, bei dunkleren Hasen einen helleren Hintergrund malen, um den Farbkontrast noch zu verstärken.

Für Fortgeschrittene

3. Die schwarze Farbe mit etwas Wasser verdünnen und damit die Augen, Nase, Barthaare und den Mund aufmalen. Hierfür einen spitzen Aquarellpinsel einsetzen.

Werde Bastelkönig!

Hasen malen

Wer malt den verrücktesten Hasen? Bei der Farbauswahl sind der Fantasie keine Grenzen gesetzt!

Eier färben
ganz natürlich

Material

rohe, gesäuberte Hühnereier in Weiß, ca. 6 cm ◦ hochfrische Blätter von Rose, Blattpetersilie, Erdbeere, Glücksklee, Waldmeister ◦ Nylonstrumpf-Stück, pro Ei ca. 16 cm x 16 cm ◦ Baumwollfaden ◦ kleiner Kochtopf, z.B. ø 18 cm ◦ ca. 1 l Wasser ◦ Schaumlöffel ◦ Küchensieb ◦ Speiseöl bzw. Speck (für den Glanz) ◦ Braun: Zwiebelschalen von ca. 10 großen Zwiebeln ◦ Rosa: 3 Knollen Rote Beete ◦ Lila: 1 Packung Heidelbeeren (tiefgekühlt) ◦ Gelb: 1 TL bis 1 EL Kurkuma-Pulver ◦ Küchentücher

1. Die Farbbäder wie folgt vorbereiten: Die Rote Beete ca. 30 Minuten weich kochen, anschließend schälen und in Scheiben schneiden. Die Heidelbeeren vollständig auftauen, mit einem Löffel über einem Sieb zerdrücken und den Saft auffangen. Bei den Zwiebeln nur die äußeren Schalen verwenden.

2. Die Eier vor dem Kochen am stumpfen Ende mit einer Nadel einstechen. Das gewünschte Blatt, Gras oder die Blüte auf das Ei legen, den Strumpf darüber legen und auf der Rückseite straff mit dem Faden zubinden.

3. Die so vorbereiteten Eier nun in den Topf mit dem kalten Farbbad legen und aufkochen lassen. Achtung! Im Rote Beete-Sud dürfen die Eier nicht länger als 12 Minuten kochen, da sie sonst braun statt rosa werden. Beim Kurkuma-Pulver darauf achten, dass das Farbbad nicht überkocht, da dieses verfärbt! Den Sud vor dem Einlegen der Eier am besten einmal aufkochen und verquirlen. Wichtig: Je weniger Wasser für das Farbbad verwendet wird, umso intensiver wird später die Farbe. Die Eier sollten beim Kochen nur knapp bedeckt sein. 10 min bei niedriger Temperatur weiter kochen lassen. Die Eier mit einem Schaumlöffel herausheben, auf ausreichend Küchentücher legen, den Faden aufschneiden und das Blatt, Gras oder die Blüte sowie den Strumpf entfernen.

4. Nach dem Erkalten die Eier mit Öl oder Speck einreiben, so glänzen sie schön.

Werde Bastelkönig!

Eiersuche

Nach dem Färben und Trocknen der Eier geht die Eiersuche los. Der Moderator versteckt diese im Garten oder im Haus. Wer die meisten findet, gewinnt!

Im Gleichschritt vorwärts auf Sommerski

Material

2 Leimholzbretter, 2 cm stark, 9,5 cm breit, 1,25 m lang ○ Gurtband in Regenbogenfarben, 2,5 cm breit, 1,20 m lang ○ 24 Schrauben, 25 mm x 2 cm ○ Bügel- oder Stichsäge ○ Feile

1. Die Bretter an einer Seite spitz zusägen und mit der Feile abrunden.

2. Das Gurtband in sechs je 20 cm lange Stücke schneiden. 24 cm, 60 cm und 98 cm von der Spitze entfernt das Gurtband seitlich mit je zwei Schrauben befestigen. Hierzu das Band am Ende einschlagen, damit es sich nicht auflöst.

3. Du kannst anstelle des Gurtbandes auch starkes Klettband verwenden. So kann man die Weite der Gurte verstellen und der Schuhgröße anpassen.

Werde Bastelkönig!

Teamarbeit

Schafft ihr es mit den Skiern zehn Meter zurückzulegen ohne umzufallen? Wenn ja, bekommt jeder von euch vier Punkte.

outdoor-projekte

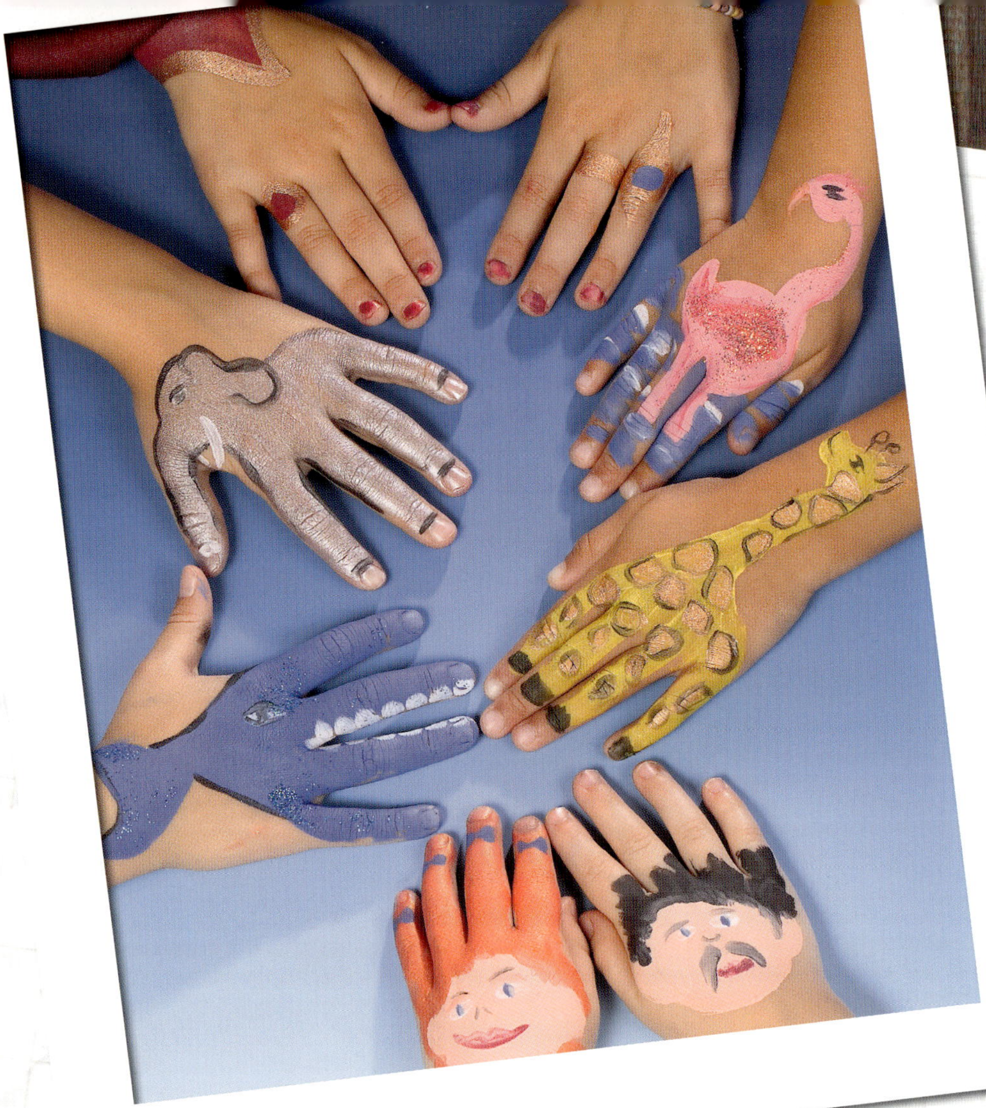

Bemalte Hände

Material

Schminkfarbe in beliebigen Farben ○ **Glitzer in beliebigen Farben**

1. Hände bemalen ist eine witzige Sache. Auf dem Foto siehst du Beispiele: einen Elefanten, eine Giraffe, einen Flamingo und einen Haifisch. Aber auch Schmuck zu malen macht riesig Freude.

2. Auch Gesichter und Frisuren wirken toll. Hier kann man seiner Fantasie freien Lauf lassen.

Ratespiel

Bemalt eure Hände gegenseitig. Kannst du ohne Hinzuschauen erkennen, welches der Motive dir dein Mitspieler auf die Hand malt? Wenn ja, bekommst du einen Punkt.

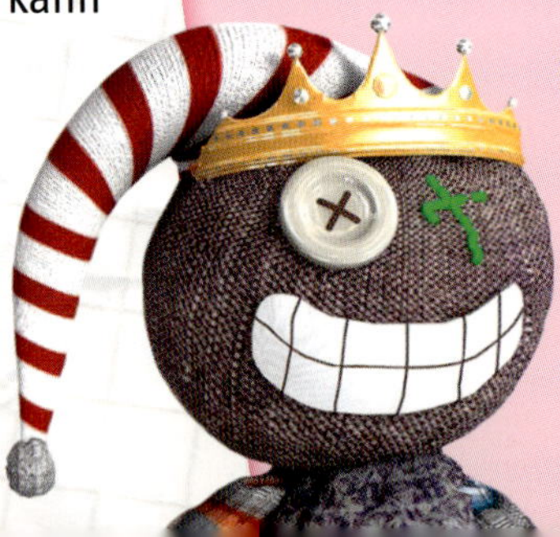

Für Fortgeschrittene

Werde Bastelkönig!

Muffins verzieren

Muffins kann man ganz prima mit Marzipan und anderen Leckereien verzieren. Wer kann als erster ein Gespenst, einen Igel und eine selbstentworfene Muffinfigur präsentieren?

Muffins
aus der Bastelküche

Material Igel

Schoko-Muffin, ø 7 cm ○ Marzipan, 20 g ○ Gelee-Brombeere ○ Zuckerkugel in Pink ○ Mandelstifte

1. Aus Marzipanmasse ein spitz zulaufendes Gesicht modellieren und am Muffin anbringen. Hält das Marzipan nicht fest genug, das Gesicht mithilfe eines Zahnstochers befestigen.

2. Einzelne Zuckerkugeln von der Gelee-Brombeere ablösen und als Augen, die pinkfarbene Zuckerkugel als Nase auf das Gesicht drücken. Die Mandelstifte als Stacheln auf dem restlichen Muffin verteilen. Den Mund mit dem Zahnstocher eindrücken.

Material Gespenst

Muffin, ø 7 cm ○ Marzipan, 75 g ○ Zuckerguss in Weiß, ca. 4 EL ○ Zuckermasserest in Schwarz ○ 2 Zuckerkringel in Weiß ○ Mini-Schokolinse in Rot ○ Gelee-Brombeere

1. Den Muffin mit 50 g Marzipan überziehen. Dafür einen Kreis mit einem Durchmesser von ca. 10 cm formen, über den Muffin legen und vorsichtig festdrücken. Aus dem restlichen Marzipan einen Zipfel, ca. 5 cm hoch, modellieren und auf den Muffin setzen. Den Übergang etwas verstreichen.

2. Das Gespenst zweimal mit weißem Zuckerguss überziehen. Nach dem ersten Überziehen den Guss gut trocknen lassen. Aus dem schwarzen Zuckermasserest zwei Augenhöhlen formen und an den Muffin drücken. Die Zuckerringe als Augen und die Schokolinse als Nase anbringen. Einzelne Zuckerkugeln von der Gelee-Brombeere ablösen und um die Schokolinse herum aufdrücken.

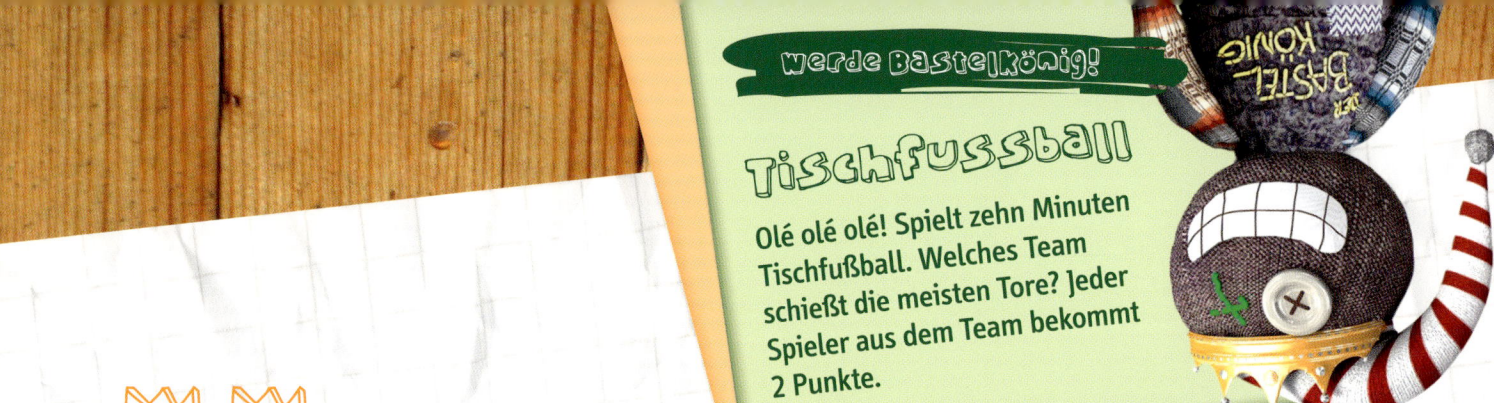

werde Bastelkönig!

Tischfussball

Olé olé olé! Spielt zehn Minuten Tischfußball. Welches Team schießt die meisten Tore? Jeder Spieler aus dem Team bekommt 2 Punkte.

Fußballspiel
mit Korken-Spielern

Material

Weinkorken ◦ Wattekugeln, ø 3 cm ◦ Wollreste für die Haare ◦ Styropor®-Kugel, ø 4 cm (Fußball) ◦ Fotokarton in Hellgrün, 50 cm x 70 cm ◦ Fotokarton in Weiß, A4 ◦ Schaschlikstäbchen ◦ Styropor®-Rest ◦ Buntstift in Weiß ◦ Acrylfarben

Zum Sofort-Loslegen

1. Teilt euch in zwei Mannschaften auf und macht für jeden Spieler eine Spielfigur. Spießt dazu die Korken und die Wattekugeln jeweils auf ein Schaschlikstäbchen (Abb.1). Überlegt euch die Trikotfarben eurer Mannschaft und bemalt die Korken damit. Sprecht euch dazu mit der anderen Mannschaft ab, damit ihr nicht die gleichen Farben wählt. Die Köpfe der Spieler bemalt ihr mit Hautfarbe.

2. Steckt die Korken und die Kugeln zum Trocknen mit den Schaschlikstäbchen in den Styropor®-Rest. Nach dem Trocknen schreibt ihr die Nummern der Spieler auf die Korken und malt die Gesichter auf.

3. Für die Haare wickelt ihr Wolle vier- bis fünfmal über zwei leicht gespreizte Finger. Nehmt die Wolle von den Fingern ab und bindet sie in der Mitte mit einem Wollfaden zusammen (Abb. 2). Ihr könnt euch dabei gegenseitig helfen. Dann schneidet ihr rechts und links die Schlaufen auf und schneidet die Enden auf beiden Seiten gleich lang ab. Gebt einen runden Klecks Alleskleber auf die Köpfe der Spieler und klebt die Haare auf.

4. Nun setzt ihr eure Fußballspieler zusammen. Spitzt dazu ein 3 cm langes Stück der Schaschlikstäbchen an beiden Seiten an. Bohrt mit einer spitzen Schere oben in den Korken ein Loch. Schiebt das Holzstäbchen in den Korken und steckt den Kopf auf (Abb. 3).

5. Zeichnet mit dem weißen Buntstift ein Fußballfeld auf den grünen Tonkarton und stellt Tore auf.

6. Für den Fußball malt ihr mit dem Filzstift schwarze Punkte auf die Styropor®-Kugel. Nun könnt ihr eure Mannschaften aufstellen und das Spiel anpfeifen.

weiche Pompon-Mäuse

material

Mäuse mit roten und gelben Ohren (pro Maus)
Wolle in Pink und Rosa, Weiß oder Rot ◦ Bastelfilzrest in Bordeaux oder Gelb, 2 mm stark ◦ 2 Wackelaugen, ø 1 cm ◦ Pompon in Schwarz, ø 2 cm ◦ Pomponset, ø 5,5 cm (grün)

Maus mit schwarzen Ohren
Wolle in Weiß ◦ Bastelfilzrest in Schwarz, 2 mm stark ◦ 2 Glastieraugen in Braun, ø 1,2 cm ◦ Pompon in Schwarz, ø 1,5 cm ◦ Lackdraht in Schwarz, ø 0,5 mm, 2 x 12 cm lang ◦ Pomponset, ø 5,5 cm (grün)

Maus mit hellblauen Ohren
Wolle in Weiß ◦ Bastelfilzrest in Hellblau, 2 mm stark ◦ 2 Glastieraugen in Orange, ø 1 cm ◦ Pompon in Hellblau, ø 1,5 cm ◦ Pomponset, ø 5,5 cm (grün)

GRUNDANLEITUNG
Vorlagen übertragen ◦ Pompons wickeln

Mäuse mit dunkelroten und gelben ohren

1. Einen ein- oder mehrfarbigen Pompon anfertigen und mit der Schere eine Tropfenform herausarbeiten.

2. Die Ohren nach Vorlage aus Filz ausschneiden. Ohren, Wackelaugen und die schwarze Pomponnase ankleben. Für den Schwanz drei 5 cm lange Wollfäden nebeneinander legen und in der Mitte mit dem Ende eines 20 cm langen Wollfadens zu einer Quaste zusammenfassen. Das andere Ende an den Pompon kleben.

Maus mit schwarzen ohren und Maus mit hellblauen ohren

1. Die Maus mit schwarzen Ohren wird wie die Mäuse mit roten und gelben Ohren gearbeitet, jedoch den Pompon noch stärker stutzen, damit er dichter und fester wird.

2. Die Glasaugen annähen und die Ohren ankleben. Die beiden Drähte in der Mitte mehrmals miteinander verdrehen und als Schnurrhaare am Nasenpompon annähen. Zuletzt die Nase und den Schwanz ankleben. Die Maus mit den hellblauen Ohren wird genauso gearbeitet, jedoch ohne Schnurrhaare.

Für Fortgeschrittene

Werde Bastelkönig!
Drei-Mäuse-wettkampf

Wer von euch hat als erstes drei Pompon-Mäuse gebastelt? Natürlich muss das Ergebnis auch ordentlich aussehen!

werde Bastelkönig!

Blumen-Sucher

Nun heißt es Blumen sammeln: Ihr habt 15 Minuten Zeit. Wer bastelt den Blumenkranz mit den meisten unterschiedlichen Blüten? Achtung: Erkundigt euch vorher, ob ihr die Blumen in der Umgebung auch pflücken dürft. Nicht, dass ihr euch auf Privatbesitz oder in einem Naturschutzgebiet befindet.

Sommerlicher Kopfschmuck
aus Wiesenblumen

Material

verschiedene Wiesen- und Gartenblumen (Primeln, Gänseblümchen, Margeriten etc.) ○ Blumendraht in Grün, 1 mm stark, Länge je nach Bedarf (Kopfumfang des Kindes + 10 cm) ○ Holzperlen in Gelb- und Grüntönen, ø 0,5–1,5 cm

1. Die Stiele der Blumen abschneiden und die Blumenköpfe auf den Draht fädeln, dazwischen immer wieder drei bis vier Perlen auffädeln.

2. Sobald die gewünschte Länge erreicht ist, die Drahtenden miteinander verknoten.

outdoor-Projekte

werde Bastelkönig!

Indiaka-Weitwurf

Wessen Indiaka fliegt am Weitesten? Jeder hat so viele Würfe, wie er Indiakas gebastelt hat.

Farbenfrohe Indiakas
wirbeln durch die Lüfte

Material

2 Blätter Papier, A4 ◦ 5 Krepppapierstreifen, 2 cm breit, 15 cm bis 40 cm lang ◦ dünne Kordel, ca. 15 cm lang ◦ Zirkel oder Teller mit ca. 20 cm Durchmesser

1. Zeichnet einen Kreis mit 20 cm Durchmesser auf ein Papier. Benutzt dazu den Zirkel oder legt den Teller auf das Papier und umfahrt seinen Rand mit einem Stift.

2. Knüllt das zweite Papier zu einer Kugel zusammen. Legt die Kugel auf die Mitte des Kreises und formt den Kreis wie einen Beutel um die Kugel. Bindet das Papier oben fest mit der Kordel zusammen und schneidet die Kordelenden ab.

3. Klebt die bunten Krepppapierstreifen an einem Ende aufeinander und klebt sie oben in den Papierbeutel.

Werde Bastelkönig!

Wett-Pusten

Sucht euch eine beliebig lange Strecke auf einem festen Untergrund und markiert eine Start- und eine Ziellinie. Nun blast die Backen auf und pustet los! Der Spieler, der seinen Windball als erster über der Ziellinie hat, gewinnt zwei Punkte!

Windbälle
zum Pusten

Material

Fotokartonreste in verschiedenen Farben ○ kleine, spitze Schere

GRUNDANLEITUNG
Vorlagen übertragen

1. Den Kreis fünfmal auf Fotokarton übertragen und ausschneiden. Eine Scheibe mit den acht Einschnittlinien versehen, die anderen vier Scheiben in der Mitte einschneiden und entlang der gestrichelten Linie falten.

2. Die vier zusammengefalteten Scheiben werden nacheinander auf die Scheibe mit den acht Einschnitten geschoben.

3. In den Nischen fängt sich der Wind und treibt den Ball vorwärts.

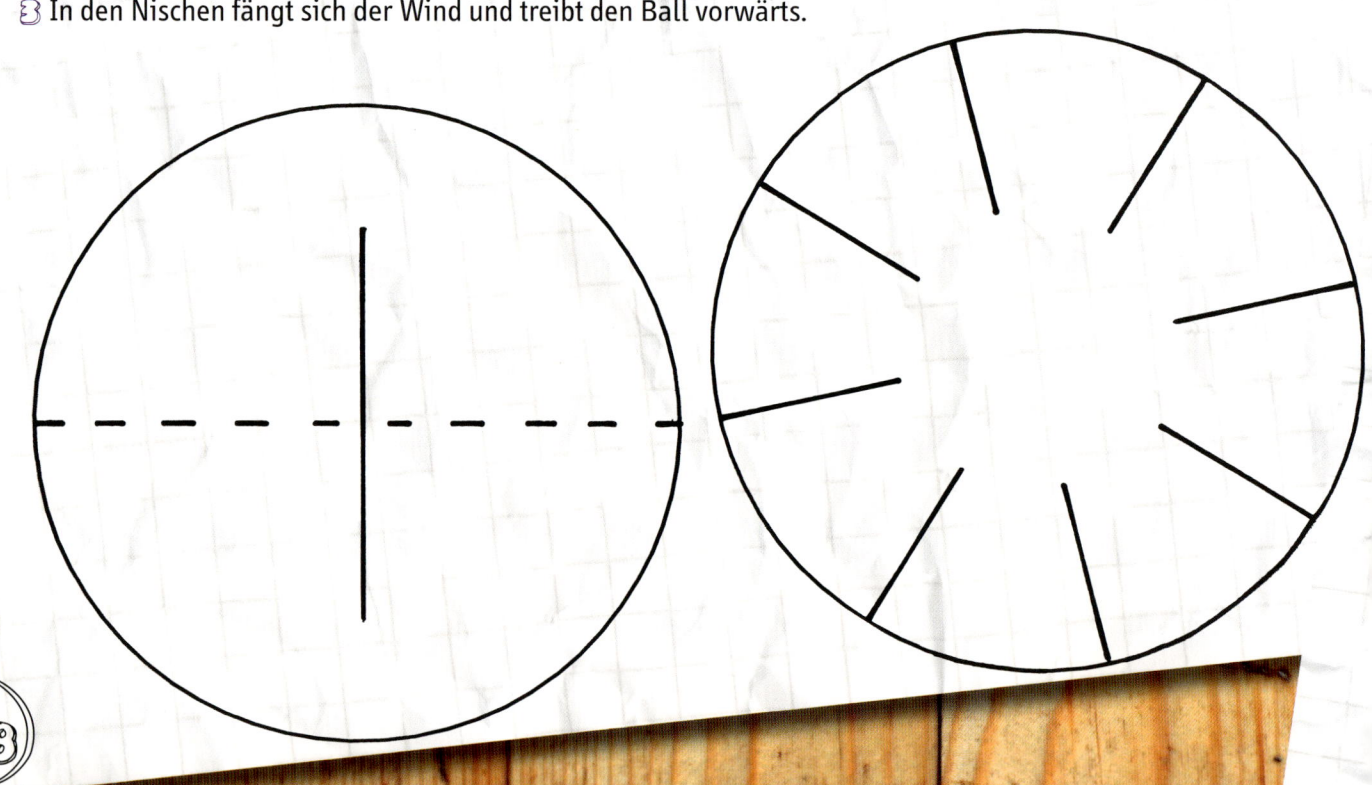

witzige Sockenpuppe mit Krone

Material

Frotteesocke in Grün, Größe 39–42 ○ Perlonstrumpf ○ Bastelfilz in Dunkelgelb, A4, und Reste in Pink und Schwarz ○ 3 Filzstreifen in Gelb und Lila, 0,5 cm x 12 cm ○ Stoffrest in Gold ○ Dekoband, 1 cm breit, 2 x 12 cm lang ○ 2 Wattekugeln, ø 2,5 cm ○ 2 Wackelaugen, ø 2,5 cm ○ 5 Schmucksteine in Lila, ø 1 cm ○ Füllwatte ○ Bürolocher

GRUNDANLEITUNG
kleine Nähschule ○ Vorlagen übertragen

1. Zuerst schneidest du aus Pappe und Filz einen Kreis (ø 10,5 cm) für das Maul und den Rachen aus und stellst mithilfe der Vorlage die Zunge her. Danach schneidest du ca. 12 cm von der Sockenspitze ab. Lege nun das gefaltete Pappmaul auf die restliche Sockensohle und schneide sie 1 cm von der Pappe entfernt aus.

2. Bestreiche das Pappmaul innen am Rand ca. 1 cm breit mit Klebstoff und klebe die aufgeschnittene Socke daran fest. Damit das Maul nicht schief wird, arbeitest du dich von den Maulwinkeln bis zur Mitte vor.

3. Nun bestreichst du die gesamte Innenfläche des Pappmauls einschließlich des Sockenrands mit Klebstoff und klebst das vorbereitete Filzteil für den Rachen darauf.

4. Forme aus dem Perlonstrumpf und der Füllwatte eine tennisballgroße Kugel und stecke sie in die Ferse über das Maul. Für die Augen schneidest du aus dem Frotteerest der Sockenspitze zwei 6 cm x 6 cm große Stücke zu, klebst die Wattekugeln in die Mitte und ziehst den Frotteestoff darüber. Die offenen Stellen nähst du mit einigen Überwendlingsstichen zu.

5. Jetzt kannst du die Augen oben an den Kopf annähen und die Zunge sowie die Wackelaugen und die Nasenlöcher aufkleben. Stanze für die Nasenlöcher mit einem Bürolocher kleine schwarze Kreise aus. Achte beim Befestigen der Augen darauf, dass die Krone noch zwischen die Augen passt.

6. Mithilfe der Schablone schneidest du die Krone einmal aus gelbem Filz aus und den oberen Teil zusätzlich aus dem goldenen Stoff. Jetzt klebst du zuerst das goldene Oberteil auf die gelbe Filzkrone. Danach nähst oder klebst du sie zum Kreis zusammen (Umfang ca. 12 cm).

Für Fortgeschrittene

Werde Bastelkönig!

Witzige Sockenpuppen

Hier gibt es vier Punkte zu vergeben. Zwei bekommt der mit der schönsten Sockenpuppe. Zwei weitere bekommt derjenige, der seine Puppe den lustigsten Witz erzählen lässt. Vorhang auf!

7 Anschließend klebst du die Schmucksteine auf die Zacken und die Filzstreifen und das Dekoband abwechselnd auf den unteren Teil der Krone. Zum Schluss nähst du die Krone mit Überwendlingsstichen zwischen den Augen am Kopf fest.

werde Bastelkönig!

Dreh dich!
Damit der Kreisel sich gleichmäßig dreht, solltet ihr den Kreis möglichst genau ausschneiden. Testet nun welcher Kreisel am saubersten gebastelt wurde und sich daher am längsten dreht.

Dreh dich, bunter Kreisel

Material

- Fotokarton oder feste Pappe in Weiß, A5
- Schaschlikstäbchen
- Zirkel oder runder Gegenstand (ca. ø 10 cm)

Zum Sofort-Loslegen

1. Zeichne mit dem Zirkel oder mit einem runden Gegenstand einen Kreis mit einem Durchmesser von 10 cm auf den Karton. Schneide den Kreis aus und bemale ihn mit einem bunten Muster.

2. Bohre mit einer Stopfnadel ein Loch in die Mitte des Kreises und weite es etwas aus.

3. Schneide vom Schaschlikstäbchen mit der Schere ein Stück ab. Es sollte mit der Spitze etwa 7 cm lang sein.

4. Schiebe das Stäbchen durch das Loch, bis unten nur noch die Spitze herausschaut. Klebe das Stäbchen mit etwas Klebstoff am Karton fest.

Schminkgesicht Hund Husky

Material

wasserlösliche Schminkfarben in Rosa, Grau, Blau, Weiß und Schwarz ○ **feiner Schminkschwamm**

1. Das Gesicht wird zuerst mit einem feinporigen Schwämmchen weiß grundiert. Trage die Farbe mit kurzen Wischbewegungen von der Nase aus auf, um eine Fellstruktur zu erzeugen. Der Bereich um die Augen herum bleibt frei.

2. Die Kontur des Husky mit schwarzer Farbe malen. Mit einer Schwammkante entlang des Wangenbereiches von außen nach innen in Schwarz eine Schattierung setzen. Die Nase malst du wieder mit dem schwarzen Pinsel auf. Darauf achten, dass sie nicht ganz rund ist, sondern die abgebildete Form erhält. Lege ebenfalls in Schwarz die Stirnpartie, die Ohren und den Bereich um die Augen herum an.

3. Eine rosafarbene Zunge auf die Unterlippe und den oberen Kinnbereich aufmalen. Lege mit einem Pinsel die Schnauze und die Schattierung auf der Zunge in Schwarz an. Male mit einem dicken, aber spitzen Pinsel den Bereich unter den Augen in Schwarz an. Halte deinen Pinsel hierbei relativ trocken und trage die Farbe mit kurzen Strichen vom Auge aus nach unten hin auf.

4. Nun die blaue Iris mit dem Pinsel aufmalen und das Lid in Schwarz ausmalen. Über und unter den gemalten Augen einen schwarzen Lidstrich malen und in die Iris eine kleine schwarze Pupille setzen. Zwei weiße Lichtpunkte in der Pupille lassen unseren Husky richtig wachsam sein.

Bauernhof-Trio
aus Stein

MATERIAL

glatte Steine in verschiedenen Größen ○ Acrylfarbe in Weiß, Schwarz, Hautfarbe, Rosa und Grau ○ Papierdraht in Weiß, ø 2 mm, 2 x 8 cm lang ○ Plusterstifte in Schwarz und Weiß ○ ggf. Föhn

GRUNDANLEITUNG
Vorlagen übertragen

1. Die Steine wie abgebildet mit Acrylfarbe bemalen.

2. Die Schwänze aus Papierdraht anfertigen. Den Papierdraht für das Schwein in Rosa bemalen und trocknen lassen. Den Draht um einen Bleistift wickeln, abziehen und zu einer Spirale dehnen. Für die Kuh einen kleinen, schwarz bemalten Stein auf das weiße Papierdrahtende kleben.

3. Die Gesichter aufmalen, dabei die Wangen mit Rosa in die noch feuchte Gesichtsfarbe malen und mit etwas Wasser verreiben.

4. Zum Schluss das Schaffell und die Kuhlocken mit Plusterstift auftragen, trocknen lassen und nach Herstellerangaben aufplustern. Die Steine wie abgebildet zusammenkleben.

outdoor-Projekte

Werde Bastelkönig!

Steine suchen

Richtet euch draußen auf einem großen Tisch euren Arbeitsplatz mit Acrylfarben, Pinseln, Klebstoff und Co. ein. Dann geht es auf Steinsuche. Wer schafft es in 15 Minuten ein freches Tier aus Steinen zu kreieren?

Werde Bastelkönig!

Tierisches Wettbasteln

Könnt ihr auch ein anderes Tier aus Eierkartons basteln? Der Moderator nennt ein Tier seiner Wahl und auf geht's. Wer die Aufgabe am fantasievollsten bewältigt, gewinnt.

Grünes Monster aus Eierkartons

Material

je 1 Schachtel für 6 und 10 Eier ◦ 6 Schälchen (Schachtel), 3 cm hoch ◦ 3 Zapfen (Schachtel), 4,5 cm hoch ◦ Fotokarton in Weiß oder Stück vom Eierkartondeckel (weiß bemalt), 15 cm x 4 cm (Zähne) ◦ Acrylfarbe in Rot, Hellgrün, Dunkelgrün, Gelb und Schwarz ◦ Langhaarplüsch in Schwarz, 6 cm x 9 cm

GRUNDANLEITUNG
Vorlagen übertragen

1. Für den Kopf werden neben dem Sechser-Karton noch zwei Schälchen für die Augen und ein Stück vom Kartondeckel bzw. weißer Fotokarton benötigt (Abb. 1).

2. In die Schälchen an zwei gegenüberliegenden Seiten jeweils eine Kerbe schneiden, deren Winkel mit dem Winkel des Schachteldeckels übereinstimmt. Mit einer Schablone die Konturen der oberen Zahnreihe und die unteren Eckzähne auf den Kartondeckel bzw. den Fotokarton übertragen und ausschneiden (Abb. 2).

3. Die Augen aufkleben und den Kopf gemäß Foto bemalen. Die Zähne einkleben. Vom Langhaarplüsch zwei Stücke à 6 cm x 3 cm (bezieht sich auf die gewebte Rückseite, nicht auf die Haarlänge) abschneiden, aufrollen und hinter den Augen ankleben.

4. Der Rumpf setzt sich aus dem Zehner-Karton, vier Schälchen und drei Zapfen zusammen (Abb. 3).

1

Zum Sofort-Loslegen

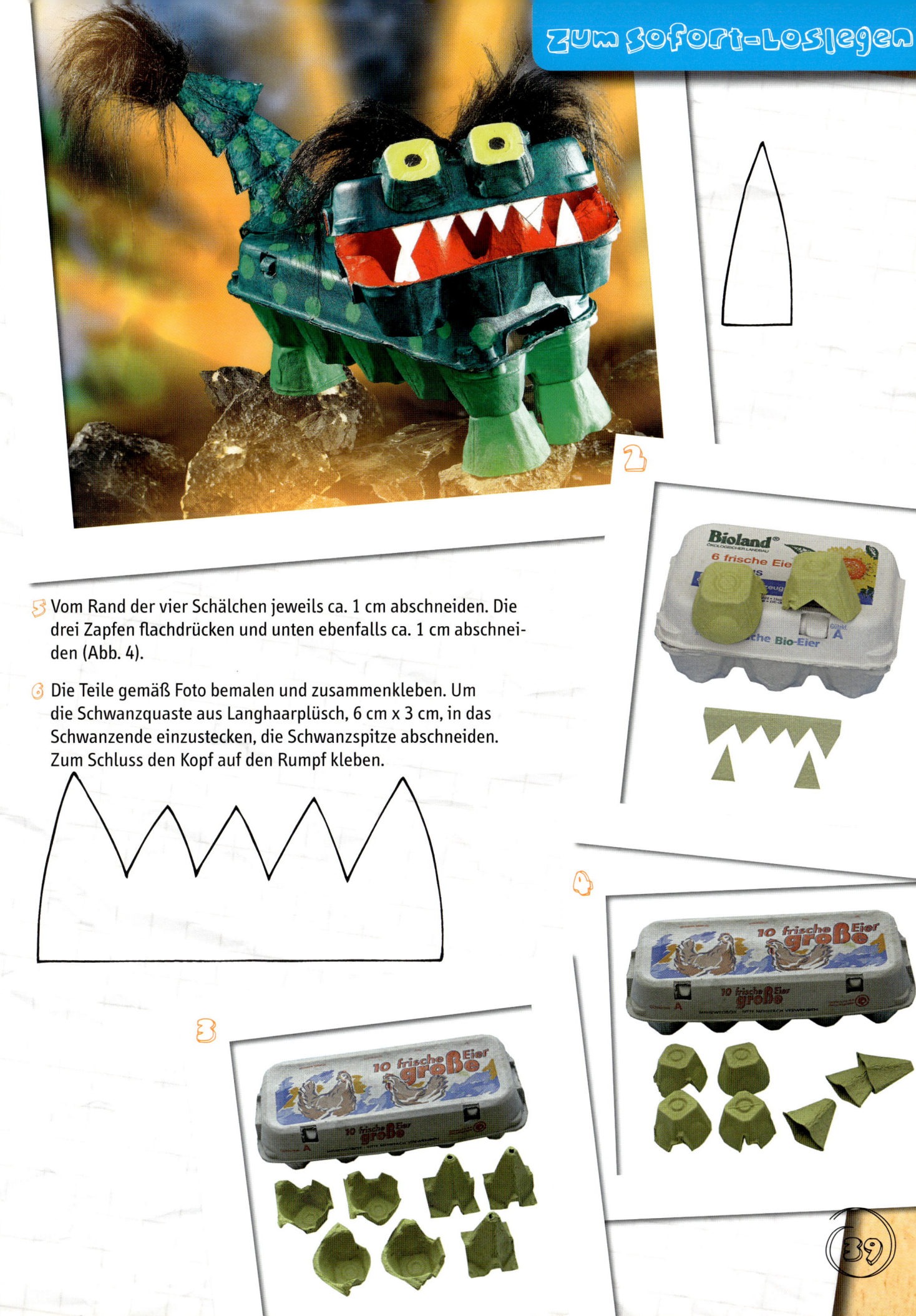

5 Vom Rand der vier Schälchen jeweils ca. 1 cm abschneiden. Die drei Zapfen flachdrücken und unten ebenfalls ca. 1 cm abschneiden (Abb. 4).

6 Die Teile gemäß Foto bemalen und zusammenkleben. Um die Schwanzquaste aus Langhaarplüsch, 6 cm x 3 cm, in das Schwanzende einzustecken, die Schwanzspitze abschneiden. Zum Schluss den Kopf auf den Rumpf kleben.

muntere Fröbelfische

Für Fortgeschrittene

Material

4 Streifen, 2 cm breit, ca. 20 cm lang ◦ kleine Wäscheklammern ◦ nach Belieben Strasssteine, ca. ø 3 mm

1. Für den Fisch benötigst du vier Streifen. Ein Drittel jedes Streifens wird umgeknickt. Zwei der geknickten Streifen ineinanderschieben (Abb. 1). Dabei liegt das erste kurze Ende oben (hier grün), das zweite kurze Ende unten (hier gelb).

2. Der dritte Streifen (hier gelb) wird über das kurze Ende des grünen Streifens geschoben, sodass das kurze Ende nach oben zeigt und die beiden gelben Streifen parallel zueinander liegen (Abb. 2).

3. Der vierte Streifen (hier grün) wird nun in das unten liegende kurze Ende des oberen gelben Streifens eingehängt, sodass sein kurzes Ende nach unten zeigt. Ziehe dann sein langes Ende nach oben, sodass es über dem kurzen Ende des oberen gelben Streifens zu liegen kommt. Das lange Ende dieses gelben Streifens wird auf der Rückseite (in Abb. 3 nicht sichtbar) so durchgezogen, dass es über dem kurzen Ende des vierten Streifens liegt.

4. Halte nun die Spitze der Flechtarbeit so zwischen Daumen und Zeigefinger der linken Hand, dass die Streifen nicht mehr verrutschen können. Lege die beiden langen grünen Streifen aufeinander, den linken über den rechten, und klammere sie in einem 90°-Winkel aufeinander (Abb. 4). Alle kurzen Enden ragen nach außen. Der Fischkörper ist nun leicht gewölbt.

5. Den Fisch wenden und den Vorgang wie in Schritt 4 beschrieben mit den gelben Streifen wiederholen (Abb. 5).

6. Dann werden die Streifen weiter verflochten. Der linke gelbe Streifen kommt über den rechten grünen auf der einen Seite. Auf der anderen Seite wird der grüne über den gelben Streifen geklammert (Abb. 6). Achte darauf, dass alle kurzen Streifen weiterhin nach außen ragen!

7. Alle Streifen werden danach ein wenig angezogen und dann erst je zwei und anschließend vier aufeinandergeklebt (Abb. 7). Zum Schluss werden die Bauch- und Schwanzflossen zurechtgeschnitten und evtl. gekräuselt. Nun ist der Fisch fertig.

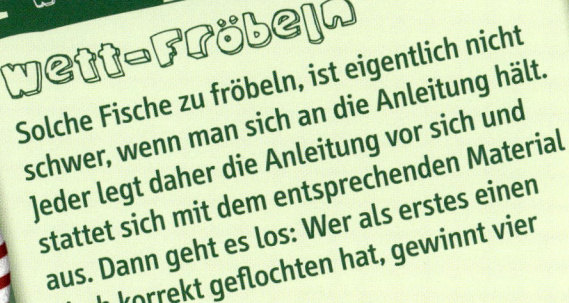

Werde Bastelkönig!

Wett-Fröbeln

Solche Fische zu fröbeln, ist eigentlich nicht schwer, wenn man sich an die Anleitung hält. Jeder legt daher die Anleitung vor sich und stattet sich mit dem entsprechenden Material aus. Dann geht es los: Wer als erstes einen Fisch korrekt geflochten hat, gewinnt vier Punkte.

Kartoffel-Theater
mit fruchtigen Beeren

Werde Bastelkönig!

Königin gesucht

Jetzt ist Kreativität gefragt! Wer bastelt dem König als erstes eine passende Königin?

Zum Sofort-Loslegen

Material

3 mittelgroße, rohe Kartoffeln ◦ 3 Stöcke, ca. 40 cm lang ◦ Wildfrüchte (z.B. Hagebutten, Ebereschenbeeren, Wachholderbeeren, kleine Tannenzapfen für Augen, Nasen und Ohren) ◦ Haselnussschalen ◦ Heu ◦ kleine Zweigstücke (für Haare) ◦ Krepppapier in Rot, Grün und Blau, je 30 cm x 30 cm ◦ Goldpapierrest ◦ dünne Nylonkordel in Gold, 47 cm lang ◦ dünne Schnur oder Wollfaden in Gelb, 54 cm lang ◦ Schleifenband in Schwarz-Weiß kariert, 80 cm lang ◦ Stecknadeln

1. Den Kartoffelkopf mit Augen aus Hagebutten, Ebereschen- oder Wachholderbeeren verzieren, zusätzlich Nasen und Ohren aus kleinen Tannenzapfen oder Beeren mit Stecknadeln befestigen.

2. Anschließend den Mund mit schwarzem oder rotem Filzstift aufzeichnen. Die Wangen mit rotem, weichem Buntstift aufmalen, etwas anfeuchten und verreiben.

3. Für die Haare kleine Zweigstückchen in die Kartoffel stecken oder ein kleines Strohbüschel in der Mitte abbinden und mit Stecknadeln am Kopf befestigen. Für eine wuschelige Frisur eine Hand voll trockener Haselnussschalen zusammenkleben und auf der Kartoffel fixieren. Evtl. mit einem scharfen Messer vorher die obere Kopfkuppe abschneiden, dann lassen sich die Schalen leichter befestigen. Den fertigen Kopf auf den Stock stecken.

4. Für die Umhänge das Krepppapier im oberen Viertel zusammenraffen und um den Stock legen. Den Umhang am Stock fixieren und unterhalb des Kartoffelkopfes mit Schleifenband oder einer Kordel zusammenbinden.

5. Für den König dem Umfang der Kartoffel entsprechend eine Krone aus Goldpapier anfertigen.

Perlentiere
Hahn Kurt und Emma Eule

Material

Hahn
Rocailles in Rot opak, Schwarz opak, Orange opak und Weiß opak, ø 2 mm ○ Silberdraht, ø 0,3 mm

Eule
Rocailles in Weiß opak, Sonnengelb opak, Beige opak und Schwarz opak, ø 2 mm ○ Silberdraht, ø 0,3 mm

GRUNDANLEITUNG
Perlen fädeln

Für Fortgeschrittene

Hahn

1. Mit der ersten weißen Perlenreihe am Kopf beginnen und die Perlen gemäß Vorlage mit einem 1 m langen Draht flach fädeln. Nun die Füße mit den überstehenden Drahtenden anfertigen. Dazu auf jedes Ende dreimal drei Perlen auffädeln, den Draht jeweils um die letzte Perle herum wieder durch die Perlen zurückführen und die Perlen dicht an den Körper ziehen. Abschließend die Drahtenden sichern.

2. Für den Hahnenkamm einen 30 cm langen Draht durch die erste Reihe des Kopfes ziehen. Wie gewohnt eine rote Perlenreihe arbeiten. Dann für die Zacken auf ein Drahtende eine rote Perle fädeln, den Draht durch die zweite Perle der roten Reihe führen, dann wieder eine Perle auffädeln und den Draht durch die vierte Perle der roten Reihe ziehen. Nochmals eine rote Perle auffädeln und dann die Drahtenden miteinander verdrehen.

3. Für die Flügel zwischen der fünften und sechsten Reihe einen 30 cm langen Draht einziehen. Die Perlen gemäß Vorlage fädeln und die Drahtenden sichern.

Eule

1. Die Perlen gemäß Vorlage mit einem 1,50 m langen Draht flach fädeln. Dann mit den überstehenden Drahtenden wie beim Hahn in Schritt 1 beschrieben die Füße anfertigen. Dabei allerdings dreimal vier Perlen auf jedes Ende fädeln. Für die Flügel jeweils von der vierten bis zur sechsten Reihe einen 50 cm langen Draht seitlich einziehen. Die Perlen flach fädeln und die Enden sichern.

2. Für den Kopfschmuck einen 30 cm langen Draht durch die beiden mittleren Perlen der ersten Perlenreihe fädeln. Nun auf jedes Drahtende vier Perlen aufziehen, den Draht jeweils um die letzte Perle herum durch die Perlen wieder zurückführen und die Perlen dicht an den Kopf schieben. Auf die Drahtenden nochmals je vier Perlen aufziehen und auf dieselbe Art fortfahren, bis alle „Federn" aufgefädelt sind. Die Drahtenden miteinander verdrehen.

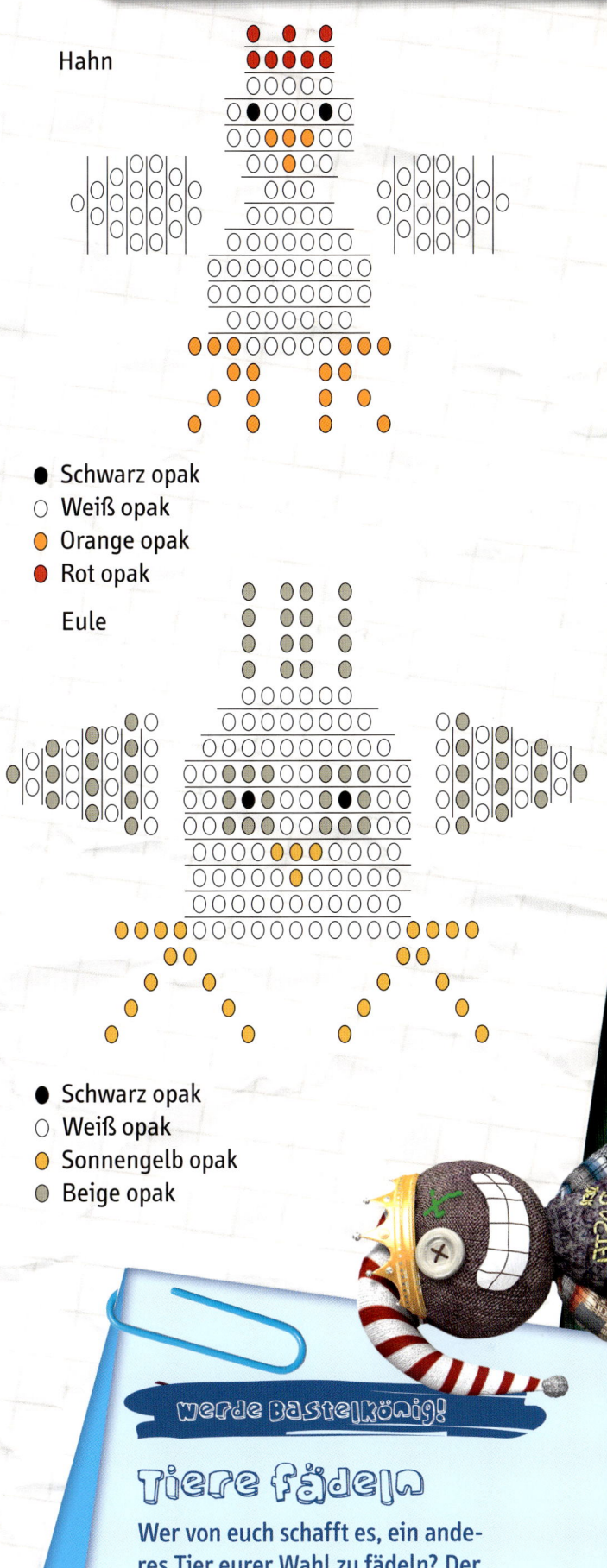

- ● Schwarz opak
- ○ Weiß opak
- ● Orange opak
- ● Rot opak

- ● Schwarz opak
- ○ Weiß opak
- ● Sonnengelb opak
- ● Beige opak

werde Bastelkönig!

Tiere fädeln

Wer von euch schafft es, ein anderes Tier eurer Wahl zu fädeln? Der Moderator gibt vor, wie viel Zeit ihr für euer Projekt habt.

werde Bastelkönig!

Flugzeit-Rekord

Auf drei geht's los. Wessen Flieger bleibt am längsten in der Luft?

Pfeilschnelle Papierflieger mit Fluggarantie

Material

Transparentpapier in Blau- oder Grüntönen, A4

GRUNDANLEITUNG
Papier falten

1. Falte das Papier der Länge nach zur Mitte und öffne es wieder.

2. Nun führst du eine untere Ecke zum Mittelbruch, sodass die Papierkante genau parallel dazu liegt und drückst sie flach. Ziehe die Faltkante noch einmal mit dem Fingernagel nach, bevor du ebenso das zweite Dreieck faltest.

3. Falte dann die schrägen Außenkanten zur Mitte.

4. Wiederhole den Vorgang. Drehe das Flugzeug danach um.

5. Klappe das Flugzeug entlang des Mittelbruchs deckungsgleich zusammen. Ziehe den Mittelkniff noch einmal mit deinem Fingernagel nach. Nun öffnest du die Faltung und stellst die Tragflächen auf. Fertig ist dein Flieger für den Jungfernflug!

outdoor-Projekte

Lustige Kegeltiere

werde Bastelkönig!

wer wird Kegelkönig?

Wenn ihr alle neun Kegeltiere fertig habt, kann das Spiel losgehen! Schnappt euch einen Ball und versucht damit, möglichst viele Figuren gleichzeitig zu treffen. Jeder hat drei Würfe.

Material

5 Holzpfähle, ca. ø 8 cm, 50 cm lang ○ Säge ○ Schleifpapier ○ Handbohrer, ø 2 mm ○ Acrylfarbe in Weiß, Maigrün, Grün, Braun, Dunkelbraun, Sonnengelb, Grau, Orange, Rot, Schwarz, Rosa und Pink ○ 9 Holzhalbkugeln, ø 3 cm ○ 2 Holzkugeln, ø 2 cm ○ Bastelfilzreste in Braun, Hellbraun, Grau, Orange, Gelb und Hellblau, je 2 mm stark ○ Papierdraht in Schwarz und Gelb, je 2 x 15 cm, und Weiß, 11 x 10 cm lang ○ Lackmalstifte in Blau und Schwarz ○ Holzleim ○ Ball (zum Kegeln)

1. Zuerst alle Holzpfähle in einem Winkel von ca. 45° halbieren. Ist das Holz trocken, lässt es sich problemlos mit einem Fuchsschwanz sägen. Dabei sollte unbedingt ein Erwachsener helfen!

2. Die entstandenen Kegel nach Lust und Laune bemalen, z. B. wie auf dem Foto. Dafür zunächst die Schnittfläche des Baumstammes mit Acrylfarbe grundieren und trocknen lassen.

3. Nun kannst du die Gesichter verzieren z. B. mit Holzhalbkugeln als Nasen. Diese mit Holzleim ankleben. Ohren oder Mähne aus Filz zuschneiden und ebenfalls ankleben. Der Marienkäfer und die Raupe auf dem Foto haben noch Fühler aus Papierdraht. Dazu je zwei Löcher bohren und die Fühler einkleben. Für das Fells des Schafes weißen Papierdraht zu Schnecken rollen und mit Holzleim aufkleben.

Königliches Fingertheater aus Erdnusshälften

Zum Sofort-Loslegen

Material

Frosch
Erdnuss ◦ 2 Holzperlen in Weiß, ø 8 mm ◦ Bastelfilzrest in Gelb ◦ Acrylfarbe in Hellgrün

Clown
Erdnuss ◦ Naturbastrest in Orange ◦ Acrylfarbe in Weiß und Rot ◦ Velour-Zylinder in Schwarz, ø 2 cm

Wichtel
Erdnuss ◦ Naturbast in Gelb-Orange ◦ Bastelfilzrest in Hellblau ◦ Acrylfarbe in Rot

König
Erdnuss ◦ Goldpapierrest ◦ Zackenlitze in Gold, 6 mm breit, mindestens 6 cm lang ◦ Märchenwolle in Weiß ◦ Acrylfarbe in Weiß, Schwarz und Rot

Königin
Erdnuss ◦ Goldpapierrest ◦ Wellpapperest in Gelb ◦ Acrylfarbe in Hellblau und Rot

GRUNDANLEITUNG
Vorlagen übertragen

1. Die Erdnüsse mit einer Nagelschere aufschneiden und halbieren. Die Erdnusshälften am unteren Rand so weit abschneiden, dass ein Finger hineinpasst.

2. Bei allen Figuren die Gesichter und Verzierungen aufmalen: Mund und Augen mit Filzstift, alle anderen Flächen mit Acrylfarbe.

3. Den Frosch vor dem Bemalen in Grün grundieren. Einen schwarzen Pupillenpunkt auf die Holzperlen setzen und die Augen festkleben. Die Krone aus Filz ausschneiden und hinter den Augen fixieren.

4. Für den Wichtel und Clown zuerst die Basthaare zuschneiden und auf den Kopf kleben. Beim Clown den Zylinder wie abgebildet festkleben. Für den Wichtel gemäß Vorlage einen Filzhut herstellen, die Krempe zurechtbiegen und auf den Erdnusskopf kleben.

5. Für die Haare der Königin sechs Wellpappestreifen um einen Bleistift wickeln und zu Locken formen. Jeweils drei Streifen auf der rechten und linken Kopfhälfte befestigen. Die Krone festkleben.

6. Etwas Märchenwolle zurechtzupfen und rechts und links am Kopf des Königs befestigen. Die Krone gemäß Vorlage und Foto herstellen und auf den Kopf kleben.

Werde Bastelkönig!

10-Minuten-Wettkampf

Stoppt die Zeit. Wer schafft es, die meisten Fingerpuppen in zehn Minuten zu basteln?

Werde Bastelkönig!

Murmelspiel

Lasst die Käseschachteln weg und legt in einigem Abstand zum Rohrende eine große Murmel. Lasst dann die Murmeln durch die Bahn kullern; wer der großen Murmel am nächsten kommt, gewinnt.

Material

Papprollen mit verschiedenen Durchmessern und Längen ○ Pappschachteln ○ runde Käseschachtel ○ Plastikflasche ○ Kreppband ○ Murmeln oder kleine Kugeln ○ kleines Glöckchen ○ Bandrest ○ Acrylfarben oder Wasserfarben

1. Bemale die Schachteln und Papprollen und lasse sie trocknen.

2. Schneide in die Schachtel Öffnungen ein, durch die du später die Papprollen stecken kannst. Beachte dabei, dass die Papprollen immer schräg verlaufen müssen, damit die Murmeln nirgendwo stecken bleiben. Die Öffnungen aber nicht ganz herausschneiden, sondern nur an drei Seiten, sodass kleine Laschen entstehen, die du umknicken kannst. An diesen Laschen werden später die Papprollen befestigt.

3. Du kannst die Papprollen ganz verwenden. Dann schneidest du nur an den Enden ein Stück heraus, damit du sie verbinden kannst. Oder du schneidest die Papprollen auf, sodass sie eine Rinne bilden. Dann kannst du den Murmeln beim Rollen zusehen.

4. Schiebe die Papprollen und Rinnen durch die Öffnungen in der Schachtel und klebe sie mit Kreppband fest. Achte dabei darauf, dass die Verbindungen zwischen den einzelnen Rollen und Rinnen stabil sind und die Murmeln ohne anzuhalten weiterrollen.

5. Spüle die Flasche gut aus und lasse sie trocknen. Schneide mit der Schere den Boden ab und schneide einen Bogen in den Rand, damit du eine Papprolle daran befestigen kannst. Bringe die Flasche leicht schräg am Karton an. Dann rollen die Murmeln spiralförmig nach unten.

6. Schneide ein Loch in den Rand der Käseschachtel und befestige den letzten Abschnitt deiner Murmelbahn darin. Fädle das Glöckchen auf das Band und befestige es oben am Rohr. Dann klingelt es jedes Mal, wenn eine Murmel das Ziel erreicht.

Für Fortgeschrittene

originelle Murmelbahn

werde Bastelkönig!

je länger, desto besser

Faltet die ersten zwei oder drei Teile zunächst in Ruhe nach Anleitung. Von nun an habt ihr 20 Minuten Zeit, um weitere Teile zu falten. Derjenige, der am Schluss den längsten und buntesten Tausendfüßler gebastelt hat, gewinnt zwei Punkte.

Langer bunter Tausendfüßler

Material

Faltblätter in 4 x Rot, je 2 x Orange, Violett und Braun und 1 x Schwarz, 10 cm x 10 cm ◦ Wackelaugen, ø 1 cm ◦ Pompon in Rot, ø 1 cm

GRUNDANLEITUNG
Papier falten

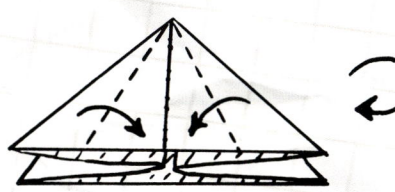

Dein Tausendfüßler entsteht aus elf Dreiecksfaltungen. Die einzelnen Dreiecke steckst und klebst du so zusammen, dass du immer die Spitze des nächsten Dreiecks in die Rückentasche der vorhergehenden Faltung schiebst.

1 Falte dein Papierquadrat senkrecht in der Mitte und öffne es wieder.

6 Falte nun die oberen Papierlagen zur Mittellinie und drehe deine Faltarbeit dann nach links.

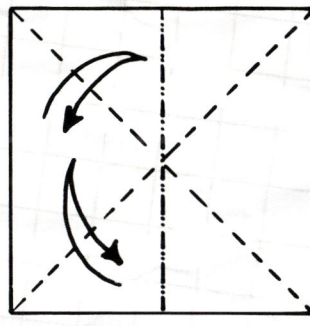

2 Wende das Papier und falte die Schräglinien von Spitze zu Spitze. Öffne dann das Papier wieder.

7 Falte die beiden äußeren Spitzen an den gestrichelten Linien in einem rechten Winkel nach hinten, das sind die Beine. Fertig ist das erste von elf Teilen!

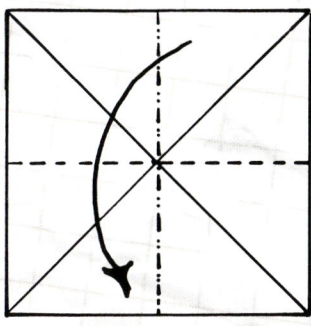
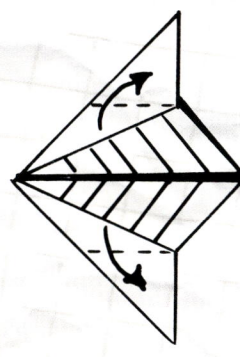

3 Falte dein Quadrat nun waagerecht.

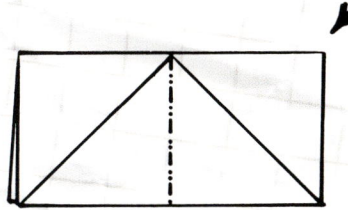

4 Schiebe und falte die rechte obere Ecke nach innen.

8 Zuletzt klebst du Pompon und Wackelaugen wie im Foto abgebildet auf das vorderste Teil. Knicke als Fühler noch seine Spitzen nach oben und dein Tausendfüßler ist bereit für sein erstes Abenteuer.

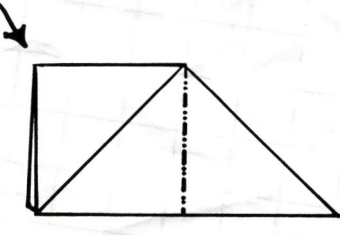

5 Wiederhole den Arbeitsschritt mit der linken oberen Ecke.

Mit dem Piratenfloß flink und wendig vorwärtskommen

material

gleichmäßige Zweigstücke, ca. ø 1 cm bis 1,5 cm, je 20 cm bis 25 cm lang ○ dünne Schnur in Gelb ○ Tonpapierreste in Schwarz und Orange ○ Schreibpapier in Weiß ○ Getränkedrehverschluss aus Metall, ø 3 cm ○ Schaschlikstäbchen ○ kleine Handsäge ○ dicker Nagel ○ Hammer

werde Bastelkönig!

Wettschwimmen

Wenn die Floße fertig sind, geht es auf zum nächsten Fluss oder Bach. Vereinbart einen Start und einen Zielpunkt. Wessen Floß schwimmt am schnellsten? Am besten ihr bindet euer Floß an ein Stück Nylonschnur; so könnt ihr es nach dem Wettschwimmen bequem aus dem Wasser ziehen.

outdoor-Projekte

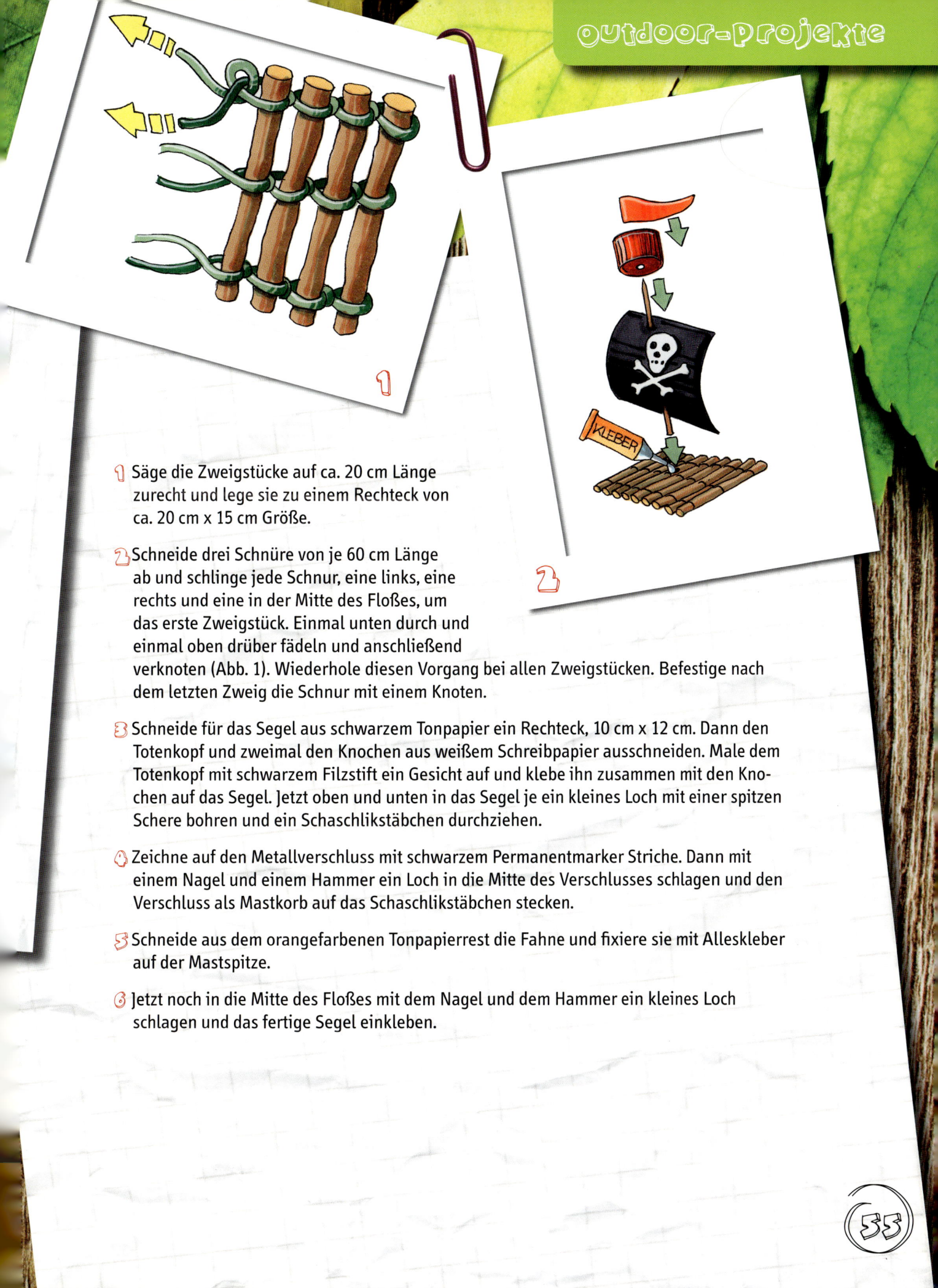

1. Säge die Zweigstücke auf ca. 20 cm Länge zurecht und lege sie zu einem Rechteck von ca. 20 cm x 15 cm Größe.

2. Schneide drei Schnüre von je 60 cm Länge ab und schlinge jede Schnur, eine links, eine rechts und eine in der Mitte des Floßes, um das erste Zweigstück. Einmal unten durch und einmal oben drüber fädeln und anschließend verknoten (Abb. 1). Wiederhole diesen Vorgang bei allen Zweigstücken. Befestige nach dem letzten Zweig die Schnur mit einem Knoten.

3. Schneide für das Segel aus schwarzem Tonpapier ein Rechteck, 10 cm x 12 cm. Dann den Totenkopf und zweimal den Knochen aus weißem Schreibpapier ausschneiden. Male dem Totenkopf mit schwarzem Filzstift ein Gesicht auf und klebe ihn zusammen mit den Knochen auf das Segel. Jetzt oben und unten in das Segel je ein kleines Loch mit einer spitzen Schere bohren und ein Schaschlikstäbchen durchziehen.

4. Zeichne auf den Metallverschluss mit schwarzem Permanentmarker Striche. Dann mit einem Nagel und einem Hammer ein Loch in die Mitte des Verschlusses schlagen und den Verschluss als Mastkorb auf das Schaschlikstäbchen stecken.

5. Schneide aus dem orangefarbenen Tonpapierrest die Fahne und fixiere sie mit Alleskleber auf der Mastspitze.

6. Jetzt noch in die Mitte des Floßes mit dem Nagel und dem Hammer ein kleines Loch schlagen und das fertige Segel einkleben.

Freundschafts-bänder
lustig gestreift

Für Fortgeschrittene

Material

Band in Grün-Schwarz
Perlgarn in Grün, Gelb und Schwarz

Band in Gelb-Schwarz
Perlgarn in Gelb, Weiß und Schwarz

GRUNDANLEITUNG
Freundschaftsbänder knüpfen

Band in Grün-Schwarz

❶ Im farbigen Wechsel acht Reihen RR-K knüpfen. In der neunten Reihe mit einem RL-K beginnen, fünf RR-K knüpfen und mit einem LR-K enden. Die folgenden drei Reihen genauso knüpfen*. Den Vorgang bis zum Sternchen* dreimal wiederholen und mit zwei Reihen RR-K in Schwarz abschließen. Zum Schluss das Band an beiden Enden mit einer Rundkordel aus viermal zwei Fäden abschließen.

Band in Gelb-Schwarz

❶ Eine Reihe RR-K von links beginnend knüpfen. Bei den nächsten sechs Reihen links jeweils mit einem RL-K beginnen, fünf RR-K knüpfen und rechts mit einem LR-K enden. Danach sechs Reihen RR-K knüpfen*. Den Vorgang bis zum Sternchen* noch dreimal wiederholen, wobei beim letzten Abschnitt auf die sechs Reihen RR-K in Gelb und Beige verzichtet werden kann. Dieses Band bekommt den gleichen Abschluss wie das erste.

Werde Bastelkönig!

8-Minuten-Contest

Wer knüpft schneller? Der Moderator stoppt acht Minuten. Derjenige, der in dieser Zeit das längste Stück geknüpft hat, gewinnt.

Drachenspaß

Material

Tyvek®, 100 cm x 100 cm ◦ 2 Holzstäbe, ø 6 mm, je 100 cm lang ◦ Schnur zum Spannen und für den Schwanz, 10 m lang ◦ O-Ring ◦ Schnurspanner ◦ Stoff-, Tyvek®-oder Krepppapier-Reste für den Schwanz, ca. 50 cm x 30 cm ◦ Handgriff mit Schnur ◦ Acrylfarbe ◦ Säge

1. Das Segel aufzeichnen und ausschneiden.

2. Zur Versteifung des Randes wird der Segelrand allseitig 3 cm umgeknickt und verklebt. In der Mitte (Kreuzungspunkt der Diagonalen) wird eine Verstärkung aus Tyvek® von ca. 10 cm x 10 cm aufgeklebt.

3. Die Klebearbeiten legen die Rückseite fest. Die Vorderseite kann jetzt bemalt werden. Später sind Knoten und Stäbe im Weg.

4. In alle Ecken kommt eine Schlaufe von ca. 1 cm Länge, die die Stäbe halten wird. Dazu einen Faden von der Rückseite durchs Segel stechen, im Abstand von 5 mm wieder zurückholen und einen Knoten machen. Erst nach Einpassen der Stäbe die Knoten mit Klebstoff sichern und die überstehenden Fadenenden abschneiden.

5. Die Stäbe werden jetzt der Größe des Drachens angepasst. Vorsicht beim Kürzen! Ein Stabende mit der Säge einkerben. Die Kerbe in eine Eckschlaufe einhängen und die Stablänge am Segel bis zur gegenüberliegenden Schlaufe abmessen. Den Stab mit einer Zugabe von ca. 5 mm für die Kerbe absägen, an diesem Ende einkerben und in die Schlaufen einhängen. Das Segel muss straff gespannt werden. Notfalls die Knoten verschieben, bis das Segel gespannt ist. Ebenso mit dem anderen Stab verfahren.

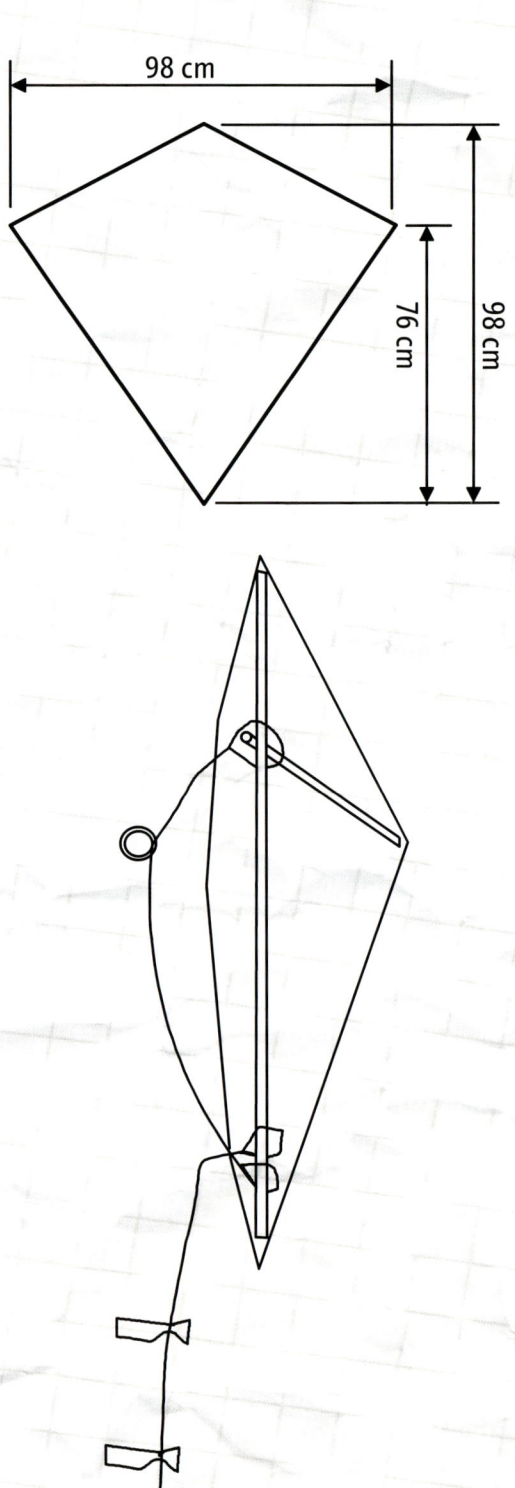

outdoor-Projekte

werde Bastelkönig!

Drachenflug

Welcher Drache bleibt am längsten in der Luft? Kleiner Tipp zum Abheben: Am besten und höchsten fliegen Drachen bei guter Thermik an sonnigen Tagen. Informiert euch, wo in eurer Gegend gute Drachenflugplätze sind.

werde Bastelkönig!

Mini-Hexen-treppe

Hexentreppen kann man in verschiedenen Größen falten. Wer von euch faltet die kleinste Hexentreppe? Ihr habt zehn Minuten Zeit.

Kleine Schafherde aus Hexentreppen

Material

pro Schaf
Tonpapier in Weiß, 4 cm x 40 cm und 2,5 cm x 60 cm (Rumpf), 1 cm x 3 cm (Hals)
○ Tonpapierrest in Schwarz ○ Scrapbook-Papierrest in Grau

GRUNDANLEITUNG
Vorlagen übertragen ○ Hexentreppen falten

1. Falte zuerst die Hexentreppe für den Rumpf, schneide die Überstände ab und klebe den letzten Faltabschnitt an.

2. Fertige von den Hufen, dem Wollschopf und dem Kopf Schablonen an, übertrage die Umrisse auf Papier (die Hufe werden viermal benötigt) und schneide die Motivteile aus. Falte die Hufe an der gestrichelten Linie und klebe sie hinter dem ersten und vor dem letzten Zacken am Rumpf an.

3. Klebe den Wollschopf mit zwei Abstandsklebepads auf die Stirn. Male die Augen mit dem Pupillen und die Nasenlöcher auf. Falte den Hals in der Mitte, bestreiche ein Ende mit Klebstoff und klebe es von hinten an den Kopf. Das andere Ende nach dem ersten Zacken so in den Rumpf kleben, dass der Kopf etwa 5 mm über den Rumpf hinausragt. Der Kopf kann leicht schief angeklebt werden.

Werde Bastelkönig!

Wett-Tupfen

Wer hat sein Ei als erstes betupft? Beim Tupfen dürft ihr nur euren kleinen Finger benutzen. Am Ende darf keine weiße Stelle mehr zu sehen sein. Wenn ein Ei dabei zerbricht, gewinnen alle anderen Spieler.

Kunterbunte Ostereier mit Fingerdruck

Material

Acrylfarbe in beliebigen Farben ○ ausgeblasene Hühnereier in Weiß ○ Streichholz ○ ggf. Korken ○ ggf. Schaschlikstäbchen

GRUNDANLEITUNG
Eier ausblasen und bemalen

1. Die Farbe mit einem Pinsel mittlerer Stärke auf den Zeigefinger auftragen und aufdrucken. Nach jedem Aufdruck den Finger wieder neu mit Farbe bestreichen.

2. Wenn die Farbe gewechselt wird, den Zeigefinger mit einem feuchten Tuch gründlich säubern und den Pinsel gut auswaschen.

3. Die Eier bunt übereinander bedrucken oder mit einem Muster versehen. Bei den Küken Schnabel, Augen und Krallen mit Pinsel oder Filzstift ergänzen.

4. Zum Aufhängen ein Streichholz halbieren, den Nähfaden gut daran verknoten und in das obere Loch einführen. Das Hölzchen quer stellen.

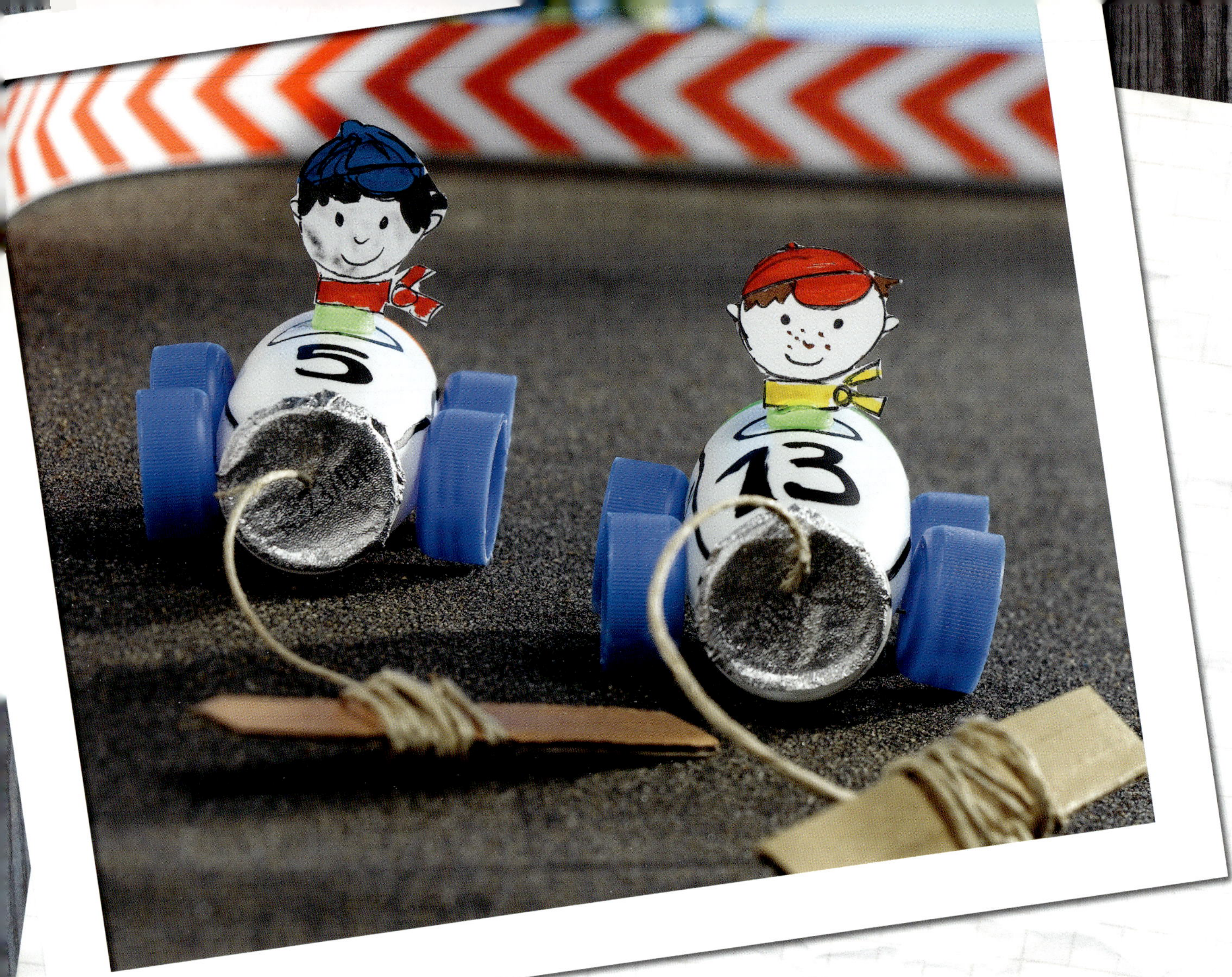

Rennautos aus Recyclingmaterial

Material

leere Trinkjoghurtbecher mit Aluverschluss ⊘ Drehverschlüsse aus Plastik ⊘ Blatt Papier ⊘ Kartonrest ⊘ Büroklammern ⊘ Paketschnur ⊘ Acrylfarbe oder Dekostifte ⊘ Pinnwandstecker

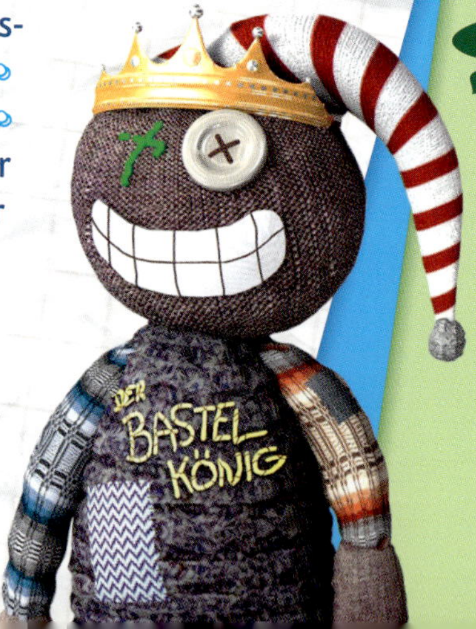

Werde Bastelkönig!

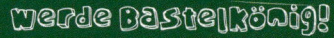

Schnelle Finger

Stellt die Rennwagen nebeneinander auf. Der Moderator gibt das Startzeichen und das Wettrennen beginnt. Um die Autos zu bewegen, braucht ihr nur die Schnur um die Pappe zu wickeln. Der Spieler, dessen Autor zuerst über die Ziellinie fährt, hat gewonnen.

Für Fortgeschrittene

1. Bemalt die Plastikbecher und schreibt eine Nummer darauf. Stecht mit dem Pinnwandstecker auf beiden Seiten Löcher in die Becher. Die Löcher sollten etwa 5 mm unter der Klebenaht der Flaschen und nicht zu nah am Flaschenhals sein. Stecht in die Mitte der Plastikverschlüsse ein Loch hinein.

2. Biegt die Büroklammern auf. Biegt den Draht an einer Seite etwa 5 mm breit um, fädelt das gerade Ende durch einen Plastikverschluss, durch den Becher und durch einen zweiten Plastikverschluss. Dann biegt ihr das Ende wieder um. Die Vorderräder bringt ihr genauso an.

3. Malt den Kopf eures Rennfahrers mit Filzstiften auf das Papier und schneidet ihn mit einem langen Hals aus. Faltet das Halsende nach hinten und klebt den Kopf oben auf den Rennwagen.

4. Stecht ein Loch in die Mitte des Aludeckels. Zieht die Paketschnur hindurch und verknotet sie. Wenn ihr den Rennwagen an der Schnur umherziehen wollt, reicht eine kurze Schnur (ca. 60 cm). Wenn ihr ein Autorennen machen wollt, nimmt jeder Spieler eine mindestens 2 m lange Schnur und knotet das andere Ende an ein Stück Karton (4 cm breit und 10 cm lang). Klebt den Aludeckel vorn auf die Flaschenöffnung. Jetzt kann der Rennwagen losflitzen.

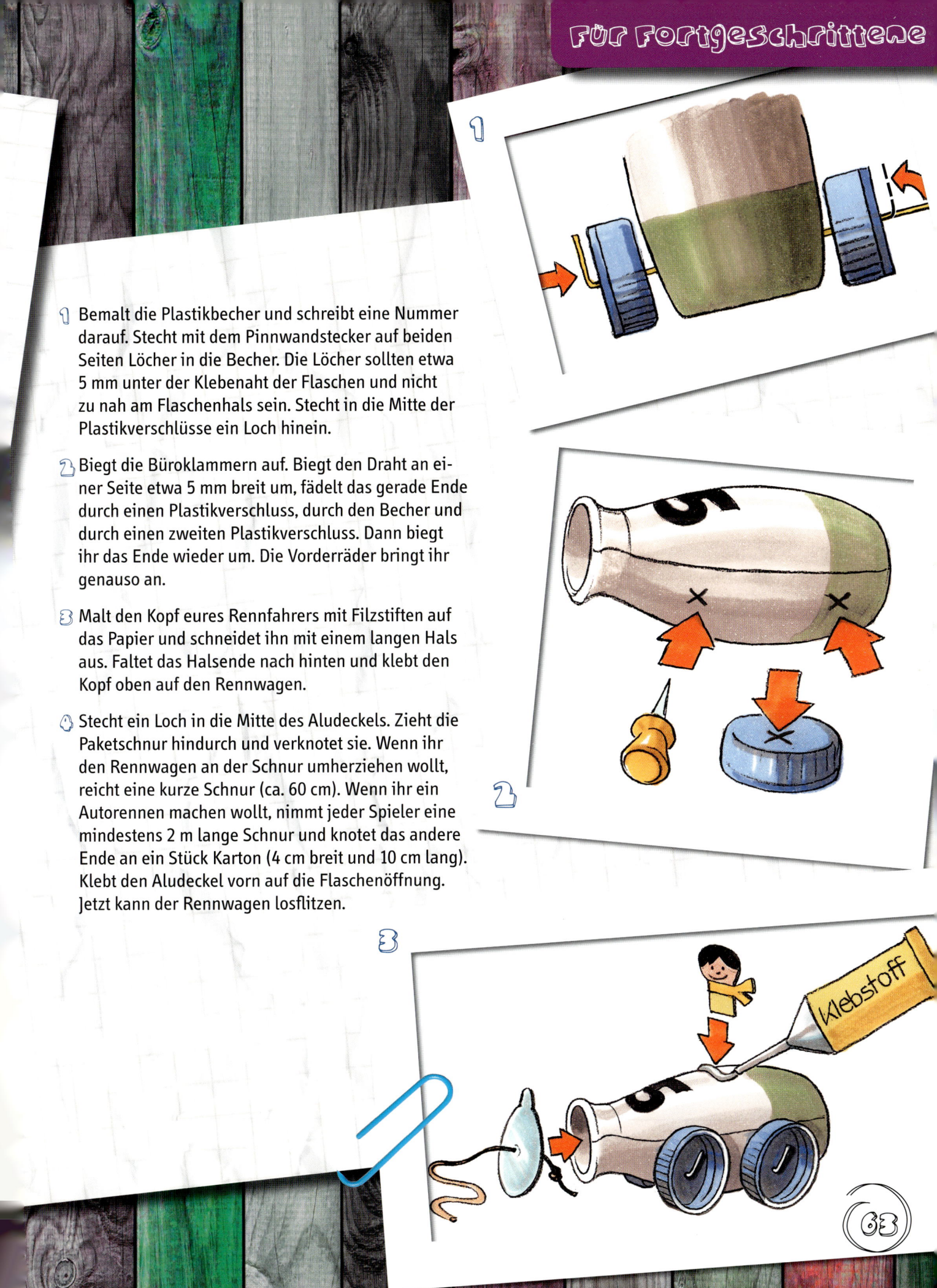

outdoor-Projekte

Mikado-Stäbe
basteln und losspielen

Material

18 Rundholzstäbe, ø 1,2 cm, 75 cm lang ○ Acrylfarbe in Rosa, Orange, Dunkelblau und Gelb ○ Feile

GRUNDANLEITUNG
Vorlagen übertragen

1. Je ein Ende der Rundholzstäbe ca. 1 cm vom Ende entfernt an beiden Enden spitz feilen. Jeweils fünf Stäbe in Rosa, Orange und Gelb bemalen. Drei Stäbe dunkelblau bemalen. Die Farbe gut trocknen lassen.

2. Die Punkte, Kronen, Herzen und Streifen gemäß der Abbildung und der Vorlage aufmalen.

werde Bastelkönig!

Mikadospiel

Die Stäbe in einem Bündel senkrecht aufstellen und fallen lassen. Nun versucht ein Mitspieler Stäbe zu nehmen, ohne dass die anderen Stäbe sich bewegen. Er darf so lange weitermachen, bis sich ein Stab bewegt. Ist dies der Fall, ist der nächste Spieler an der Reihe. Die dunkelblauen Stäbe mit den Kronen zählen 50 Punkte, alle anderen zehn Punkte. Wer zum Schluss die meisten Punkte hat, ist Sieger.

Kunterbunte Fische machen Lust auf Urlaub

Material

Shampoo- und Duschgelflaschen in verschiedenen Formen und Größen ○ fester Fotokartonrest ○ Wattekugel, ø 2,5 cm ○ Malerkrepp, ca. 3 cm breit ○ Tapetenkleister ○ Zeitungspapier ○ Seidenpapier in Weiß ○ Toilettenpapier oder Papiermachébrei ○ Acrylfarbe in Gelb, Orange, Rot, Pink, Hellviolett, Türkis, Hellblau, Mittelblau, Hellgrün, Weiß und Schwarz ○ Glitterstift in Rosa

GRUNDANLEITUNG
Vorlagen übertragen ○ Pappmaché

Für die Fische werden Shampoo- und Duschgelflaschen kaschiert. Die Wölbungen entstehen aus Toilettenpapierröllchen und halben Wattekugeln.

1. Die Flossen, den Schwanz und eventuell das Maul aus Fotokarton ausschneiden. Wähle einfach die zu deiner Plastikflasche passende Flossenform aus!

2. Die Papierteile an den gestrichelten Linien knicken und mit Klebstoff und/oder Malerkrepp auf dem Plastikbehälter befestigen.

3. Nun die Form rundum, wie in der Grundanleitung beschrieben, mit Zeitungspapierschnipseln und Tapetenkleister kaschieren.

4. Mit Toilettenpapierwülsten den Übergang zwischen Kopf und Körper sowie die Flossenumrandungen gestalten.

5. Als Augen auf beiden Seiten des Behälters halbierte Wattekugeln aufsetzen.

6. Nach Belieben kannst du nun alles noch mit einer Schicht Seidenpapierschnipseln überziehen, das macht die Form kompakter.

7. Anschließend den Fisch mit weißer Farbe grundieren. Nach dem Trocknen alle Flächen wie abgebildet bemalen. Rund um die Augen ist die Farbe leicht schattiert. Der Körper des mittleren Fischs ist zusätzlich mit Glitterstift verziert.

Für Fortgeschrittene

werde Bastelkönig!

Modellieren mit geschlossenen Augen

Bereitet alle Einzelteile vor: Flossen, Wattekugeln für die Augen, Tapetenkleister und Zeitungspapier. Wer schafft es nun, den Fisch mit geschlossenen Augen zu modellieren. Der Moderator hilft euch beim Zurechtfinden auf eurem Basteltisch.

Zum Sofort-Loslegen

Zwölfzackiger Steckstern in Pink oder Lila

Material

Fotokarton in Pink oder Lila, 20 cm x 15 cm

GRUNDANLEITUNG
Vorlagen übertragen

1. Übertrage die Umrisse der Schablonen mit Bleistift auf Karton und schneide sie aus. Das Teil mit den zwei Zacken wird doppelt benötigt. Von den drei Schablonen hat eine drei Einschnitte und die anderen beiden jeweils nur einen. Mache die Einschnitte in die Teile. Dazu legst du nach dem Ausschneiden jeweils die Schablone auf das passende Teil und schneidest mit der Schere durch den Einschnitt in der Schablone in das Kartonteil. Wichtig ist, dass die Einschnitte sehr genau und so lang wie auf der Vorlage sein müssen!

2. Stecke die beiden vierzackigen Sternteile ineinander.

3. Die beiden zweizackigen Sternteile haben nur halb so lange Einschnitte und werden von beiden Seiten her aufgesteckt.

Werde Bastelkönig!

Schnelles Steckspiel

Wer hat den Stern als erstes zusammengesteckt? Achtung: Beim Ausschneiden müsst ihr sorgfältig sein, erst beim Stecken geht es um die Geschwindigkeit!

Werde Bastelkönig!

Papier falten mit einer Hand

Du bist Rechtshänder? Um dir diesen Punkt zu erspielen, falte den Malerhut nur mit der linken Hand. Die rechte Hand liegt dabei auf deinem Rücken. Falls du Linkshänder bist, faltest du natürlich nur mit der rechten Hand. Jeder, der diese Aufgabe erfüllt, bekommt einen Punkt.

Kunterbunter Malerhut
für kreative Köpfe

Zum Sofort-Loslegen

Material

Zeitungspapier ○ Tonpapier in Rot, A3 ○ Acrylfarbe in beliebig vielen Farben ○ breiter Pinsel

GRUNDANLEITUNG
Papier falten

1. Falte das rechteckige Zeitungspapier quer in der Mitte nach unten.

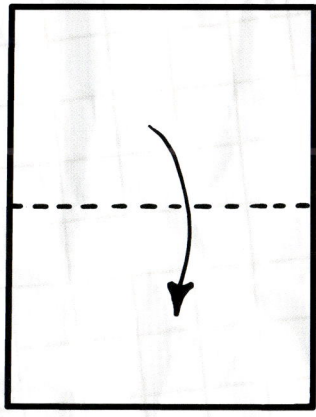

2. Dann faltest du das Papier längs in der Mitte zusammen und öffnest es wieder.

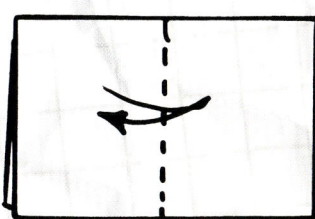

3. Falte nun beide Ecken zum Mittelbruch.

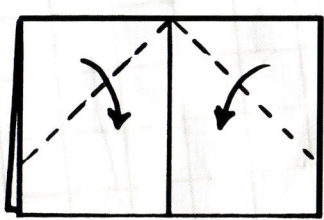

4. Das überstehende Papier auf der Vorder- und Rückseite faltest du auf jeder Seite nach oben. Klappe zuerst die Ecken links und rechts nach hinten um, ...

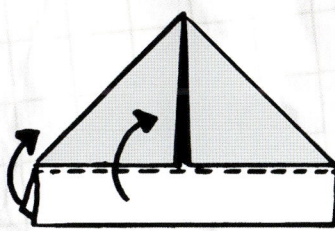

5. ... bevor du den Hut wendest und die hinteren Ecken nach vorn knickst.

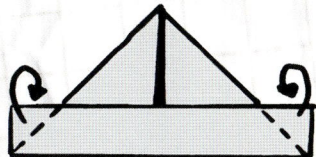 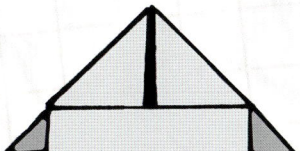

6. Fertig ist der Malerhut! Du kannst ihn gleich aufsetzen oder erst noch verzieren.

7. Schneide für die rote Hutspitze ein Quadrat in der Größe 20 cm x 20 cm und für die Zierstreifen der Hutkrempe zwei Streifen von 3 cm Breite und 42 cm Länge zu.

8. Mit Pinsel und Farbe spritzt du die zugeschnittenen Papierteile bunt an. Dazu nimmst du viel Farbe auf den Pinsel und schleuderst deine Hand von oben nach unten auf die Papierstücke.

Lustige Kastanienfiguren

Material

Kastanien in verschiedenen Größen ◦ Weinkorken ◦ Walnussschalenhälfte ◦ Naturbast, ca. 20 cm lang ◦ getrocknete Blüte ◦ rote Beeren ◦ Kürbiskerne ◦ Paketschnur, ø 2 mm, ca. 10 cm lang ◦ Strang Chenilledraht in Gelb, 50 cm lang und Schwarz, 50 cm lang ◦ Satinbändchen in Rot, 1,5 cm breit, ca. 15 cm lang ◦ Klebepunkte in Weiß, ø 8 mm ◦ Acrylfarbe in verschiedenen Farben ◦ dünner Permanentmarker in Schwarz ◦ Aquarellfarbstifte in Rot und Weiß ◦ Zahnstocher ◦ Stecknadeln mit kleinem Metallkopf

1. Zuerst die Gesichter der Figuren gestalten. Auf die Klebepunkte mit Filzstift schwarze Punkte als Pupillen malen und die Punkte an den Kastanien anbringen. Die Münder mit einem angefeuchteten roten oder schwarzen Aquarellfarbstift aufmalen und als Nasen und Ohren die Beeren befestigen. Als Haare getrocknetes Moos, getrocknete Blüten oder etwas Bast, mittig gebunden, auf die Köpfe kleben.

2. Für die Kastanienmännchen die Flaschenkorken mit Acrylfarbe wie abgebildet bemalen, trocknen lassen und darauf die Kastanien mit viel Klebstoff befestigen. Die bemalte Walnussschalenhälfte als Helm ebenfalls anbringen.

3. Die Arme aus gebogenen Chenilledrahtstücken ankleben und dem einen Männchen das rote Satinbändchen um den Hals binden. In der Hand des anderen Männchens eine Schaufel, aus einem Walnuss- und Zweigstückchen zusammengeklebt, befestigen.

4. Für die Schildkröte eine große Kastanie mit Acrylfarbe wie abgebildet bemalen und trocknen lassen. Anschließend den Kopf und den Körper mit einem Stück Zahnstocher verbinden. Aus Chenilledrahtstücken die Arme, Beine und den Schwanz biegen und den Körper daraufkleben.

5. Die Maus bekommt als Ohren die Kürbiskerne eingesteckt. Dafür an den Kürbiskernen die Spitzen abschneiden und die Kerne mit Stecknadeln am Kopf der Maus befestigen. Als Schwanz die Paketschnur von hinten ankleben.

6. Für die Spinne den Chenilledraht in vier gleiche Stücke schneiden. Dann die Drahtstücke sternförmig aufeinanderlegen, in der Mitte mit einem Wollrest zusammenbinden und wie abgebildet zu Beinen zurechtbiegen. In die Mitte die Kastanie aufkleben.

7. Die Pilze sind ganz einfach zu basteln: Eine Kastanie auf einen Weinkorken kleben – fertig!

Werde Bastelkönig!

Kreativitäts-Contest

Beim Basteln mit Kastanien sind der Kreativität keine Grenzen gesetzt. Wer von euch bastelt die lustigste Figur? Der Moderator entscheidet über das Ergebnis.

Jonglierbälle
aus Luftballons

Werde Bastelkönig!

Jonglieren
Wer hat als erstes drei Jonglierbälle fertig und kann anfangen? Wenn ihr schon jonglieren könnt, veranstaltet einen Wettbewerb: Wer kann am längsten jonglieren?

Material

Frischhaltefolie • 270 g Rundkornreis (z.B. Milchreis) • 9 Luftballons • Küchenwaage

1. Beim Jonglieren ist es wichtig, dass alle Bälle gleich viel wiegen. Nimm daher den Reis und teile ihn in drei Portionen, die jeweils ca. 90 g schwer sind. Nimm dazu die Küchenwaage zu Hilfe.

2. Packe jede Reisportion in Frischhaltefolie und forme sie zu einer Kugel (Abb. 1).

3. Schneide die Luftballons hinter dem Mundstück ab (Abb. 2).

4. Ziehe nacheinander drei Ballons über die Reiskugeln (Abb. 3). Achte dabei darauf, dass die Öffnungen nicht übereinander liegen. Rolle die Kugeln zwischen den Handflächen in Form.

outdoor-Projekte

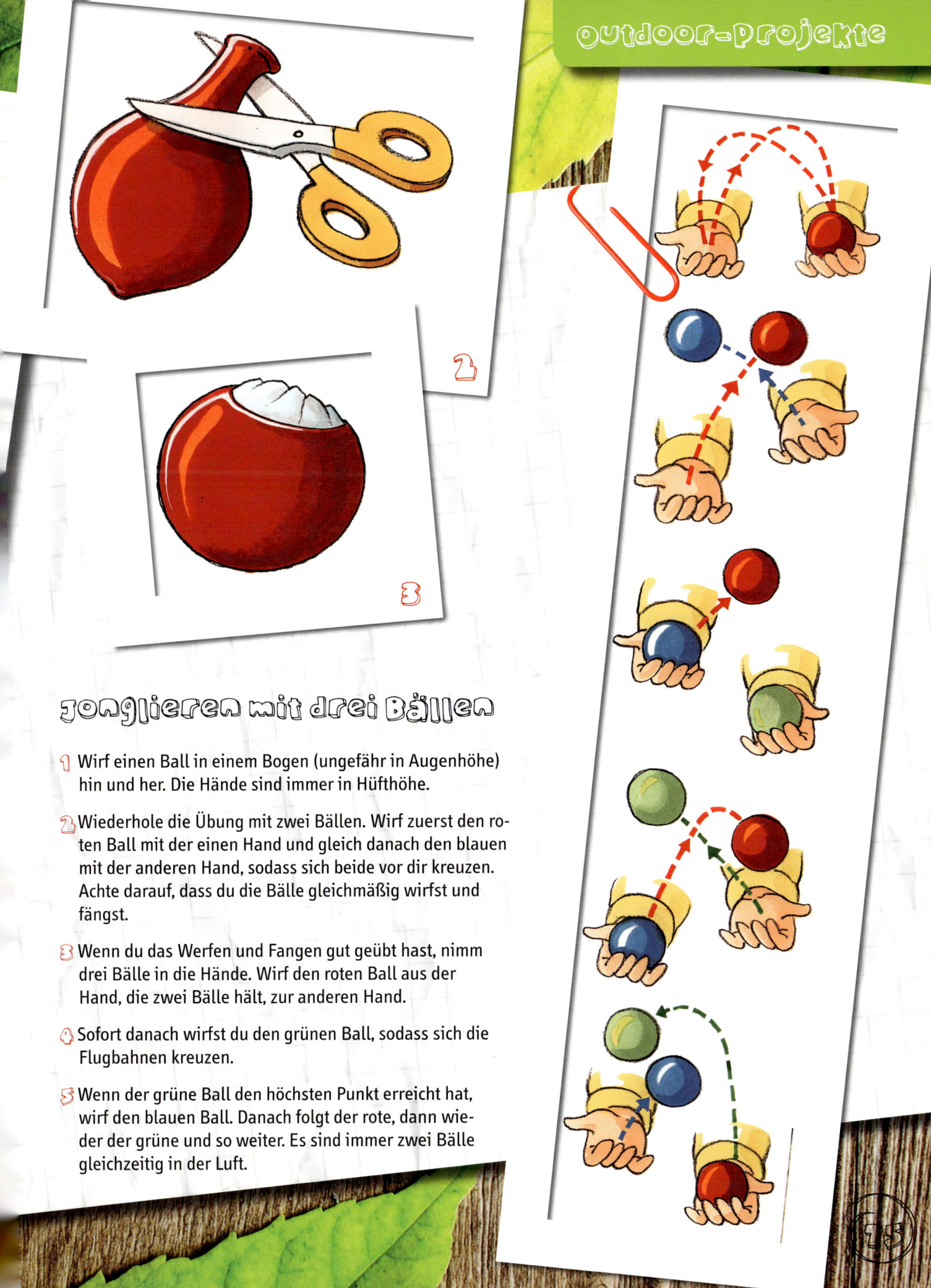

Jonglieren mit drei Bällen

1. Wirf einen Ball in einem Bogen (ungefähr in Augenhöhe) hin und her. Die Hände sind immer in Hüfthöhe.

2. Wiederhole die Übung mit zwei Bällen. Wirf zuerst den roten Ball mit der einen Hand und gleich danach den blauen mit der anderen Hand, sodass sich beide vor dir kreuzen. Achte darauf, dass du die Bälle gleichmäßig wirfst und fängst.

3. Wenn du das Werfen und Fangen gut geübt hast, nimm drei Bälle in die Hände. Wirf den roten Ball aus der Hand, die zwei Bälle hält, zur anderen Hand.

4. Sofort danach wirfst du den grünen Ball, sodass sich die Flugbahnen kreuzen.

5. Wenn der grüne Ball den höchsten Punkt erreicht hat, wirf den blauen Ball. Danach folgt der rote, dann wieder der grüne und so weiter. Es sind immer zwei Bälle gleichzeitig in der Luft.

Werde Bastelkönig!

Um-die-Wette-Filzen

Wer von euch filzt die süßesten Gestalten? Achtung: Das Filzen und Verzieren einer Figur dauert ca. eineinhalb Stunden. Nehmt euch also Zeit und haltet eure Finger immer außerhalb der Stichrichtung der spitzen Filznadel.

Der gefilzte Froschkönig wartet auf ein Küsschen

Material

Filzwolle in Gelb-Grün meliert, Weiß und Gelb ○ 2 Rocailles in Schwarz, ø 4 mm ○ 2 Perlmuttknöpfe in Rosa, ø 1,2 cm ○ Nähgarn in Schwarz und Rosa ○ Stickgarn in Rot ○ Eyelet in Gelb, ø 9 mm ○ Metallglöckchen in Gold, ø 2 cm ○ Filznadel

GRUNDANLEITUNG
kleine Nähschule ○ Vorlagen übertragen ○ Figuren filzen mit der Nadel

1. Die Grundform, Beine und Arme wie in der Grundanleitung von Seite 140 beschrieben aus grüner Wolle filzen. Die Einzelteile an die Grundform ansetzen.

2. Für die Krone eine lockere Trapezform filzen und sie von hinten an den Kopf setzen. Mit gezielten Einstichen die Zacken herausarbeiten und die ganze Fläche durch gleichmäßig verteilte Nadelstiche von beiden Seiten fest filzen, wodurch die Wolle schrumpft.

3. Für die Augen zwei ca. 2,5 cm große Kugeln auf der Unterlage vorfilzen und sie dann aufsetzen, fixieren und in Form filzen.

4. Nun das Gesicht mit Perlen und Knöpfen gestalten und den Mund mit Stickgarn sticken. Die Öse anbringen und das Glöckchen von hinten an einen Arm nähen.

Berüchtigter Pirat mit Säbel

Material

Toilettenpapierrolle ○ Fotokartonreste in Hautfarbe, Silber und Gold ○ Tonpapier in Weiß, 20 cm lang, 10 cm breit, in Schwarz, 4 cm breit, und in Braun, 1,2 cm breit ○ Tonpapierrest in Rot-Weiß gepunktet ○ roter Pompon, ø 1 cm ○ Filzstift in Hellblau ○ Heftgerät

GRUNDANLEITUNG
Vorlagen übertragen

Werde Bastelkönig!

Piraten-Fernrohr

Aus einer Toilettenpapierrolle lässt sich noch vieles mehr basteln. Wer bastelt sich das gruseligste Piraten-Fernrohr? Der Moderator bewertet die Ergebnisse.

Zum Sofort-Loslegen

1. Male mit hellblauem Filzstift auf das weiße Tonpapier Streifen und beklebe die Toilettenpapierrolle oben mit weiß-blau gestreiftem und unten mit schwarzem Tonpapier (Abb. 1). Hefte die Rolle am oberen Ende zusammen.

2. Übertrage den Kopf des Piraten auf hautfarbenes, die Kopftuchteile auf rot-weiß gepunktetes Tonpapier und schneide alles aus. Das Kopftuch vorne auf den Kopf kleben, den Tuchknoten von hinten fixieren. Jetzt noch die rote Pomponnase ergänzen, das Gesicht mit Filz- und Farbstiften gestalten und die Augenklappe mit schwarzem Stift aufmalen.

3. Übertrage die Gürtelschnalle, den Ohrring und den Säbelgriff auf Goldkarton, den Säbel auf Silberkarton und schneide alle Teile aus. Befestige den Gürtel aus braunem Tonpapier mit Klebstoff über dem Hosenbund; vergiss dabei nicht, den Säbel mit dem aufgeklebtem Griff von hinten in den Gürtel mit einzukleben. Klebe die Gürtelschnalle vorne auf den Gürtel.

4. Jetzt noch den Ohrring ergänzen: Schneide den Ohrring ein und klebe ihn vorne und hinten am Kopf an.

5. Nun kannst du den Piratenkopf leicht schräg vorne auf die Rolle kleben (Abb. 2).

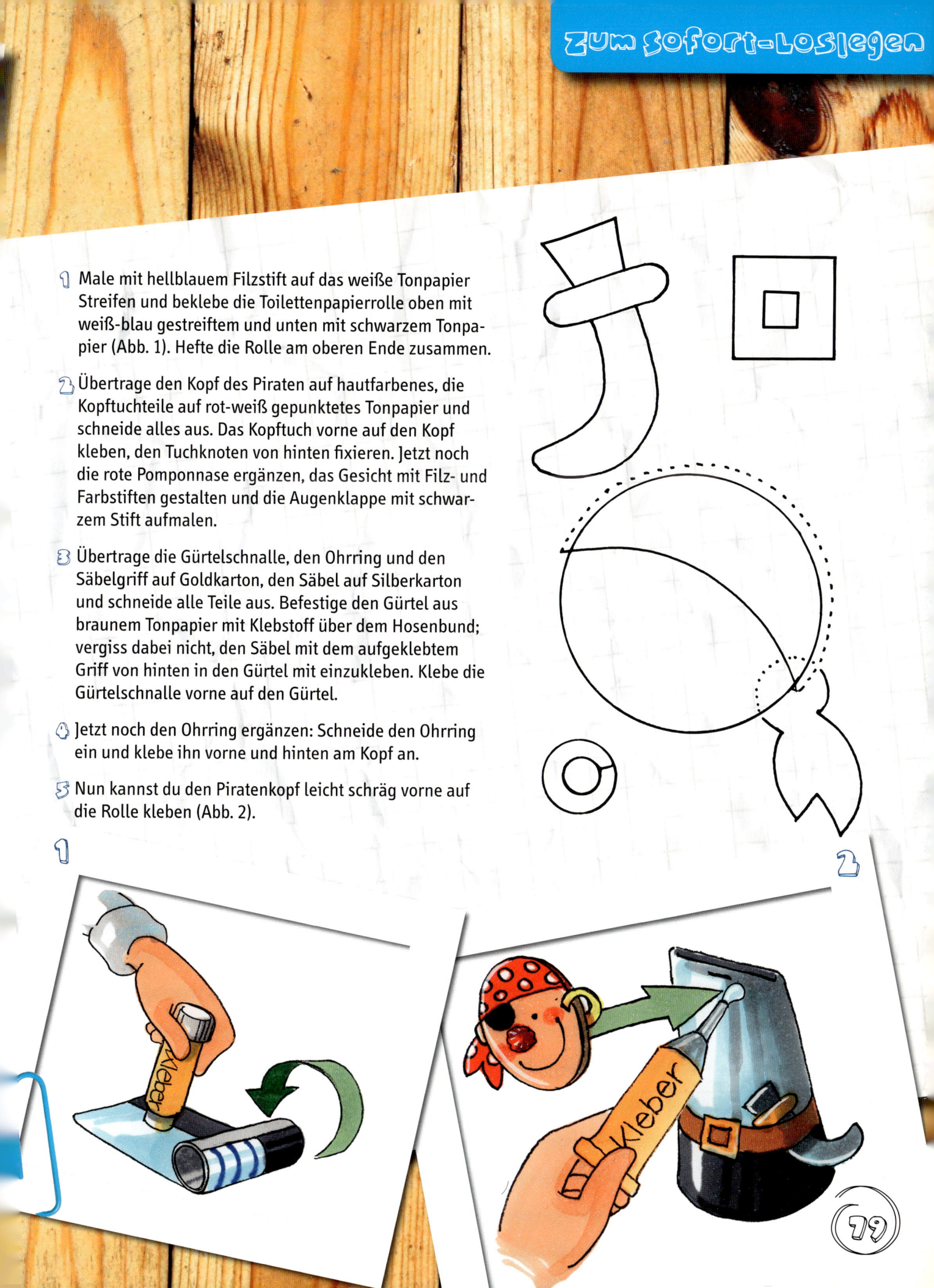

witzige Rasseln zum Musizieren

Material

3 zweiteilige Plastikkugeln, ø 6 cm bis ø 8 cm ○ Bogen Wellpappe ○ Tonkartonrest ○ Toilettenpapier ○ Zeitungspapier und Tapetenkleister ○ 3 Jogurtbecher ○ Reis, Sand, kleine Kiesel o.Ä. ○ Acrylfarbe in Gelb, Rot, Hellgrün, Weiß, Blau, Hellblau, Rosa, Schwarz und Pink ○ Metallglöckchen in Weiß, ø 1,5 cm

GRUNDANLEITUNG
Pappmaché

1. Das Anfertigen der unterschiedlichen Rasseln erfolgt immer auf die gleiche Art und Weise. Befülle die jeweilige Grundform (Plastikkugel oder Jogurtbecher) mit Reis, Sand, kleinen Kieseln o.Ä.. Je nach Material erhältst du unterschiedliche Klänge beim späteren Musizieren. Schließe die Formen, beim Jogurtbecher klebe einen Tonkartondeckel oder einen zweiten Becher mit Heißkleber auf.

2. Den Griff der Rassel aus Wellpappe (12 cm hoch x 24 cm lang) formen. Dafür rollst du diese fingerdick und klebst sie zusammen.

3. Mit Heißkleber wird der Wellpappegriff am Rasselkopf befestigt. Beim Frosch klebst du ebenso die Krone aus Tonkarton auf. Alles gut trocknen lassen.

4. Kaschiere nun jedes Musikinstrument mit mindestens drei Schichten Zeitungspapier. Damit die Kugel (bzw. die Hörner und die Krone darauf) gut auf dem Griff hält, klebst du das Zeitungspapier hier überlappend und in vier bis fünf Schichten auf.

5. Augen und Nase aus mit Tapetenkleister durchweichtem Toilettenpapier modellieren und sie aufsetzen.

6. Nach dem Trocknen das Werkstück in Weiß grundieren. Lasse die Farbe gut trocknen.

7. Bemale die Rassel zuerst in den Grundfarben: z.B. die Froschkrone gelb, den Kopf grün und den Stiel blau. Setze nach dem Trocknen die Verzierungen, wie Punkte und Linien, auf. Linien malst du mit einem Pinsel, Punkte kannst du mit einem Wattestäbchen aufsetzen. Die Farben gut trocknen lassen.

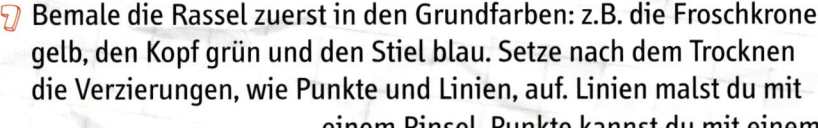

Für Fortgeschrittene

werde Bastelkönig!

Rhythmusgefühl

Rasselt den Rhythmus eines Kinderliedes! Derjenige, dessen Lied als erstes erkannt wird, gewinnt.

Tierische Faschingsmasken

Material

Löwe
Pappteller in Weiß, ca. ø 24 cm ○ Acrylfarbe in Gelb und Rot ○ Fotokartonreste in Gelb und Orange ○ Hutgummi in Weiß, ca. 50 cm lang ○ Nagelschere

Clown
Pappteller in Weiß, ca. ø 24 cm ○ Acrylfarbe in Hautfarbe, Weiß und Rot ○ Fotokartonreste in Hellgrün und Hautfarbe ○ Hutgummi in Weiß, ca. 50 cm lang ○ Nagelschere

Bärchen
Pappteller in Weiß, ø ca. 24 cm ○ Acrylfarbe in Braun, Hellbraun und Schwarz ○ Fotokartonrest in Braun ○ Hutgummi in Weiß, ca. 50 cm lang ○ Nagelschere

Zum Sofort-Loslegen

Löwe

1. Die Augen und die Nase frei aufmalen und mit der Nagelschere ausschneiden.

2. Den Teller gelb bemalen und trocknen lassen. Anschließend die rote Nase aufmalen. Mit einem schwarzen Dekostift Augen, Mund und Barthaare aufzeichnen.

3. Aus gelbem Fotokarton zwei Ohren schneiden und von hinten an den Teller kleben. Wangen und Ohren mit Buntstiftabrieb röten. Einen weißen Lichtpunkt auf der Nase ergänzen.

4. Aus Fotokarton in Orange die Streifen für das Fell schneiden und rund um den Löwenkopf von hinten ankleben. Zwei Löcher für das Hutgummi bohren und dieses befestigen.

Clown

1. Die Augen und die Nase frei aufmalen und mit der Nagelschere ausschneiden.

2. Den Pappteller in Hautfarbe grundieren. Nach dem Trocknen den weißen Mund und die Nase ergänzen. Wieder trocknen lassen und den roten Mund und die Sterne aufmalen.

3. Aus dem Fotokarton je zwei Ohren und Haarbüschel anfertigen und wie abgebildet ankleben. Die Wangen und Ohren mit Buntstiftabrieb röten. Die Löcher für das Hutgummi bohren und dieses festknoten.

Bärchen

1. Die Augen und die Nase auf den Teller malen und mit der Nagelschere ausschneiden.

2. Den Pappteller dunkelbraun grundieren. Nach dem Trocknen mit Hellbraun Schnauze und Augen aufmalen, mit Schwarz die Nase ergänzen. Aus Fotokarton zwei Ohren anfertigen und von hinten an den Teller kleben.

3. Den Mund mit Filzstift malen, die Wangen und Ohren mit Buntstiftabrieb röten. Das Hutgummi befestigen.

Werde Bastelkönig!

Malen mit geschlossenen Augen

Bereitet eure Maske so vor, dass nur noch der Mund fehlt. Nun schließt die Augen und malt den Mund mit geschlossenen Augen auf eure Maske. Der Moderator entscheidet, wer gewinnt!

Werde Bastelkönig!

Dosenwerfen

Sobald die Büchsen fertig sind, könnt ihr es scheppern lassen! Stellt die Dosen dazu auf, wie auf dem Bild zu sehen. Jeder hat nun drei Versuche, um alle Dosen vom Tisch zu schießen. Derjenige, dem das zuerst gelingt, bekommt drei Punkte. Als Bälle eignen sich zum Beispiel die mit Reis gefüllten Jonglierbälle von Seite 74.

Dosenwerfen
im Sommer

Material

6 leere Dosen, ø 7 cm, 11 cm hoch ○ Acrylfarbe in Weiß, Gelb, Rosa, Orange, Türkis und Grün ○ Motivlocher: Palme, Herz, Blume, Gecko, Sandburg und Schweinchen, ca. ø 10–12 mm ○ Tonpapierreste in Hellgrün, Rot, Violett, Hellblau, Gelb und Pink

1. Verwendet am besten Dosen, die mit einem Sicherheitsöffner geöffnet wurden, damit sie keine scharfen Kanten haben. Alle Dosen weiß grundieren und gut trocknen lassen. Anschließend bunt bemalen.

2. Aus den Tonpapierresten je ca. 15 bis 20 Palmen, Herzen etc. ausstanzen.

3. Die Motive anschließend auf die Dosen kleben.

Frisbeescheiben
schnell und bunt

Material

Frisbee in Rot, Gelb und Blau, ø je 22 cm • Acrylfarbe in Gelb, Rosa, Orange, Türkis, Weiß und Grün

1. Zeichne ein beliebiges Motiv mit einem Bleistift auf die Frisbee, bemale es und lasse es gut trocknen.
2. Mit Lackmal- und Buntstiften die Gesichter gestalten.

werde Bastelkönig!

Zielsicher werfen

Stellt einen Karton oder Eimer etwa zehn Schritte von euch entfernt auf. Wer braucht die wenigsten Versuche, um seine Frisbee ins Ziel zu werfen?

werde Bastelkönig!

Wett-Falten

Ihr habt alle noch nie den berühmten Origami-Kranich gefaltet? Dann wird es aber Zeit. Jeder schnappt sich ein Origamifaltblatt und sorgt dafür, dass er die Anleitung in Sichtweite hat. Auf drei geht es los. Derjenige, der den Kranich als erstes korrekt gefaltet hat, gewinnt drei Punkte.

Der Origami-Kranich
für Faltprofis

Material

Faltpapier in einer beliebigen Farbe, 15 cm x 15 cm

GRUNDANLEITUNG
Papier falten

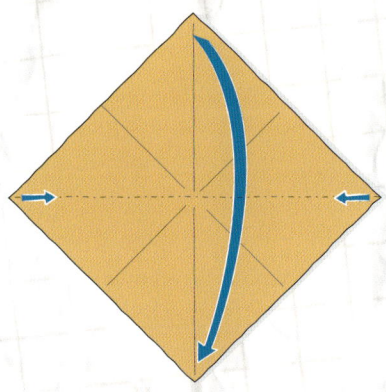

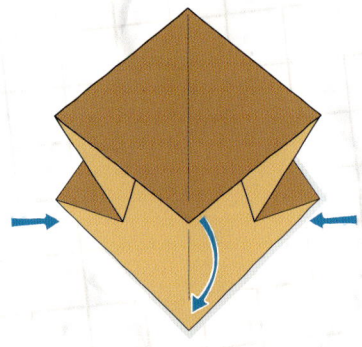

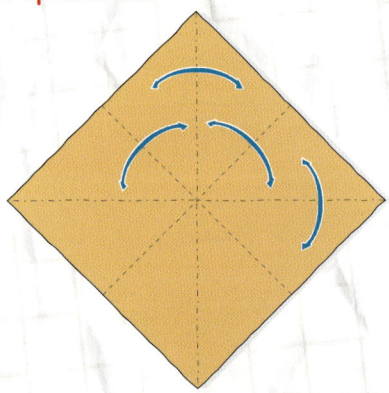

1 Lege als Erstes das Papier mit der schönen, bedruckten Seite nach unten auf den Tisch und falte das Papier an den eingezeichneten Linien vor. Achte darauf, dass du für die waagerechte und senkrechte Linie eine Bergfalte machst. Lege das Papier danach wieder glatt vor dich hin.

2 Nun klappst du die beiden Ecken rechts und links nach oben, sodass sie sich berühren ...

3–4 ... und legst die obere Ecke dabei auf die untere. Streiche das Papier entlang der Kanten schön glatt.

Für Fortgeschrittene

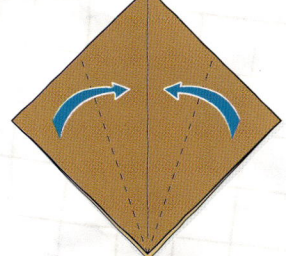

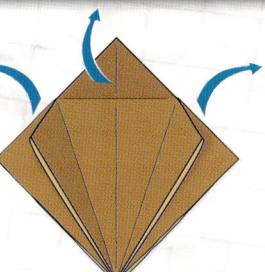

5. Falte die obere rechte und linke Papierkante an der Talfaltlinie zur senkrechten Mittellinie, sodass sich beide Kanten dort berühren.

6. Nun faltest du die Spitze oben an der Markierung nach unten.

7. So sieht deine Faltarbeit jetzt aus.

8. Öffne die letzten Faltungen wieder ...

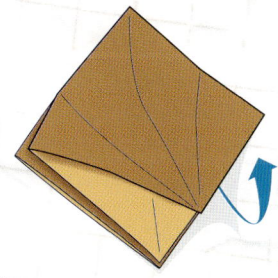
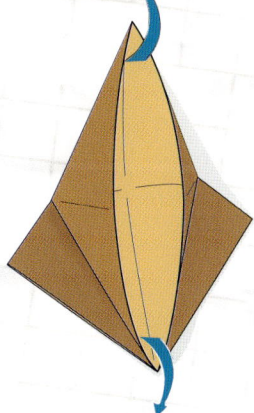
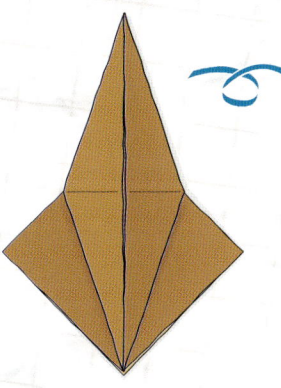
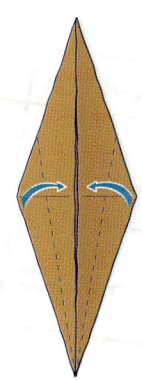

9. ... und klappe auf der offenen Seite die obere Spitze wie abgebildet soweit wie möglich nach oben auf.

10. Die darunterliegende Spitze bleibt unten und die Seitenkanten werden nun nach innen auf die senkrechte Mittellinie gedrückt.

11. Streiche die Papierkanten glatt, damit deine Faltarbeit wie hier abgebildet aussieht, drehe sie um und wiederhole die Schritte 5–11 auf der anderen Seite ebenso.

12. Nun faltest du die oberen Papierkanten rechts und links an den Talfaltlinien zur senkrechten Mittellinie.

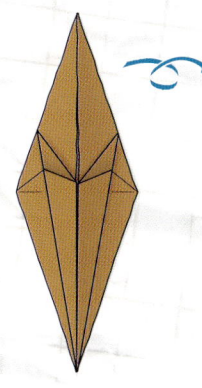
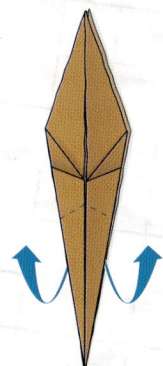
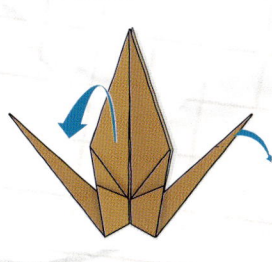
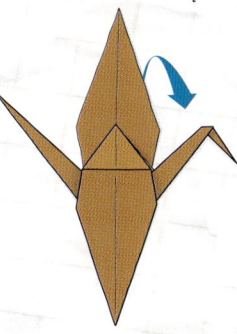

13. Und so sieht die Faltarbeit jetzt aus. Wende sie ...

14. ... und wiederhole Schritt 12 auch für die andere Seite. Danach faltest du die beiden unteren Spitzen an den Talfaltlinien nach oben vor und wieder zurück, klappst die Spitzen auf und schiebst sie mit der geschlossenen Kante in Richtung Körpermitte des Kranichs.

15. Jetzt noch den Kopf an der Markierung vorfalten und in Form bringen. Danach die Flügel nach unten biegen ...

16. ... und den Kranichkörper ganz behutsam an den Flügeln auseinanderziehen. Dann mit einer Hand unten den Hals festhalten und mit der anderen kräftig am Schwanz ziehen. Nun kann dein Kranich fliegen.

Werde Bastelkönig!

Wettlauf auf großem Fuß

Wer ist der Schnellste auf seinen gebastelten Stelzen? Bevor ihr euer Wettrennen startet, solltet ihr besser ein wenig üben!

Material

2 Konservendosen, ca. ø 10 cm, ca. 12 cm hoch ○ Paketschnur ○ Zeitungspapier ○ Tapetenkleister ○ Fingerfarben, Wasserfarben oder Acrylfarben ○ Hammer ○ großer Nagel

GRUNDANLEITUNG
Pappmaché

1. Formt aus dem Zeitungspapier die Krallen der Dino-Füße (Abb. 1). Jeder Fuß bekommt fünf Krallen.

2. Streicht die Dosen mit Kleister ein und beklebt sie mit Zeitungspapierschnipseln. Klebt die Krallen mit Kleister unten auf die Dose – vier Krallen zeigen nach vorn, eine nach hinten. Klebt ringsherum nochmals Schnipsel auf die Dosen und die Krallen, damit die Dino-Füße stabiler werden. Dann lasst den Kleister gut trocknen.

3. Malt die Dino-Füße bunt an und lasst die Farbe trocknen. Dann schlagt ihr die Löcher für die Schnüre ein. Jede Dose bekommt zwei Löcher, die sich gegenüber liegen (Abb. 2). Nehmt dazu den Hammer und den Nagel und lasst euch von einem Erwachsenen helfen.

4. Schneidet von der Paketschnur lange Stücke ab, an denen ihr die Dino-Füße festhalten könnt. Passt die Schnüre an eure Größe an. Wenn ihr auf den Dosen steht, müssen die Schnüre von der Dose bis zu eurer Hüfte und wieder zur Dose reichen. Steckt die Enden der Schnüre durch die Löcher und verknotet sie.

outdoor-projekte

Stelzen zum Stampfen
wie ein Dinosaurier

Freches Krokodil auf Beutejagd

Material

Strukturpapier in Grün, 2,5 cm x 50 cm und 3 cm x 50 cm (Rumpf), 2,5 cm x 30 cm und 2 cm x 30 cm (Schwanzteil 1), 2 cm x 30 cm und 1,5 cm x 30 cm (Schwanzteil 2) ○ Tonpapierrest in Rot ○ Holzperle in Gelb, ø 8 mm ○ Hammer

GRUNDANLEITUNG
Vorlagen übertragen ○ Hexentreppen falten

Zum Sofort-Loslegen

1. Falte drei Hexentreppen in unterschiedlicher Größe für den Rumpf und klebe jeweils den letzten Faltabschnitt fest. Lege die Hexentreppen mit der breiten Seite nach unten auf den Tisch und klebe sie der Größe nach aneinander.

2. Übertrage alle Motive wie abgebildet (das Bein wird viermal benötigt) und schneide die Teile aus. Falte die Beine an der gestrichelten Linie und klebe sie am Rumpf nach dem dritten und achten Zacken an.

3. Falte das Kopfteil in der Mitte, öffne es wieder und klebe auf eine Hälfte die rote Zunge. Tupfe mit weißem Lackmalstift die Zähne auf und klappe dann das Maul zu. Halbiere die Holzperlen mit einem Cutter und einem Hammer und tupfe mit schwarzem Filzstift die Pupillen auf. Bringe die halbierten Holzperlen als Augen an und zeichne die Nasenlöcher auf.

4. Um das Maul an den Rumpf zu kleben, wird das Hinterkopfteil benötigt: Falte es an der gestrichelten Linie, bestreiche das längere, nicht abgerundete Ende bis zur Faltlinie mit Klebstoff und klebe es von unten an das Maul. Bestreiche das abgerundete Ende mit Klebstoff und klebe es so an den Rumpf, dass es oben etwas übersteht. Jetzt ist das kleine Krokodil fertig.

Werde Bastelkönig!

Das längste Krokodil

Wer bastelt das längste Krokodil? Achtung: Klebt die Papierstreifen vor dem Falten gut zusammen! Ihr habt 15 Minuten Zeit.

Perlentiere
Kakadu Kurt und Leo Löwe

Material

Kakadu
Rocailles in Gelb opak, Weiß opak, Schwarz opak und Beige opak, ø 2 mm ◦ Silberdraht, ø 0,3 mm

Löwe
Rocailles in Gelb opak, Beige opak und Schwarz opak, ø 2 mm ◦ Silberdraht, ø 0,3 mm

GRUNDANLEITUNG
Perlen fädeln

Kakadu

1. Die Perlen gemäß Vorlage mit einem 1,20 m langen Draht flach fädeln. Für die Krallen die überstehenden Drahtenden nehmen und auf jedes Ende dreimal drei Perlen auffädeln. Dabei den Draht jeweils um die letzte Perle herum wieder durch die Perlen zurückführen und die Perlen dicht an den Körper ziehen. Abschließend die Drahtenden sichern.

2. Für die Flügel von der neunten bis zur elften Reihe jeweils einen 30 cm langen Draht seitlich am Körper einziehen. Die Flügel flach arbeiten und die Drahtenden sichern. Für die Schmuckfedern einen 30 cm langen Draht durch die erste Perlenreihe am Kopf ziehen. Die gelben Perlen wie bei den Krallen beschrieben gemäß Vorlage aufreihen und die Drahtenden sichern.

3. Für den Schnabel einen 20 cm langen Draht seitlich von der dritten zur vierten Reihe einziehen und die Perlen gemäß Vorlage flach fädeln. Die Enden sichern.

Löwe

1. Mit dem Kopf beginnen und die Perlen mit einem 75 cm langen Draht flach fädeln. Die Drahtenden sichern. Nun für die Mähne acht 20 cm lange Drahtstücke rund um den Kopf zwischen den Perlen einziehen. Auf die Enden jeweils fünf Perlen fädeln, dann den Draht um die letzte Perle herum wieder durch die Perlen zurückführen. Die Enden sichern. Dann für die Barthaare drei 3 cm lange Drähte durch die Nasenperle ziehen.

2. Für den Körper die Perlen gemäß Vorlage mit einem 1,50 m langen Draht flach arbeiten. Die Drahtenden sichern. Für den Schwanz einen 15 cm langen Draht durch eine Perle der letzten Reihe ziehen, auf ein Ende die Perlen fädeln, dann den Draht um die letzte Perle herum wieder durch die Perlen zurückführen. Die Enden sichern.

3. Für die Beine von der fünften zur sechsten und von der elften zur zwölften Reihe jeweils einen 25 cm langen Draht seitlich am Körper einziehen. Die Perlen flach arbeiten und die Enden sichern. Zuletzt den Kopf am Körper befestigen. Dazu einen 20 cm langen Draht durch die erste Reihe des Körpers und die letzte Reihe des Kopfes ziehen. Die Drahtenden sichern.

Für Fortgeschrittene

- ● Schwarz opak
- ○ Gelb opak
- ○ Beige opak

Löwe

Kakadu

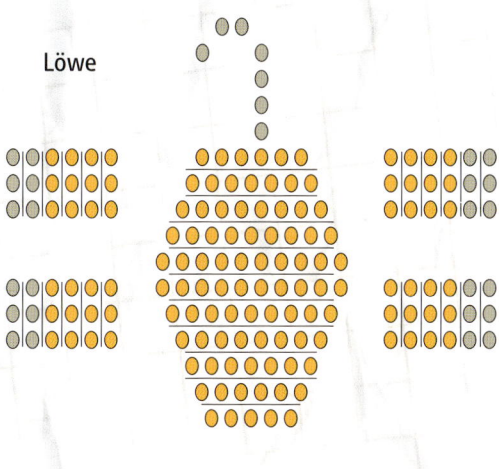
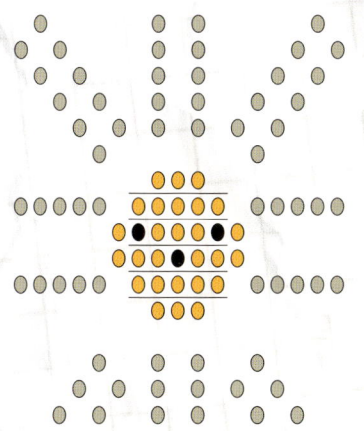
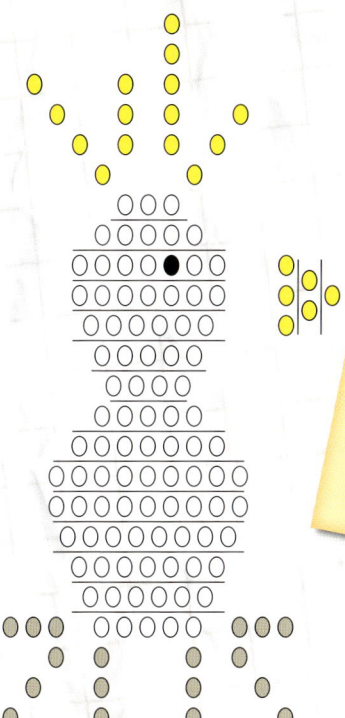

- ● Schwarz opak
- ○ Weiß opak
- ○ Gelb opak
- ○ Beige opak

Werde Bastelkönig!

Perlen fädeln im Team

Nun ist Teamarbeit gefragt. Tut euch immer zu zweit zusammen (bei einer ungeraden Spielerzahl muss der Moderator einspringen). Einer im Team legt den linken Arm auf den Rücken, der andere den rechten. Zusammen habt ihr nun zwei Arme, um ein Perlentier zu fädeln. Jedes Team, dem das gelingt, bekommt zwei Punkte pro Spieler.

süße Tüte aus Servietten

material

Papierserviette, gemustert, 33 cm x 33 cm ○ Süßigkeiten

GRUNDANLEITUNG
Papier falten

Zum Sofort-Loslegen

1. Die geöffnete Serviette diagonal hinlegen. Die bedruckte Seite liegt unten. Nach unten zum Dreieck falten.

2. Die seitlichen Spitzen des Dreiecks nach unten zur Spitze falten, so entsteht ein Quadrat, das auf der Spitze steht.

3. Die Serviette wenden. Alle Lagen der unteren, offenen Spitze nach oben zum Dreieck falten.

4. Die Serviette wenden. Die linke und rechte Ecke über die Mitte schräg nach oben und außen falten, bis die Ecken über den Rand schauen.

5. Die Serviette wenden. Die seitlichen Taschen zur Seite klappen. Die oberen beiden Stofflagen der mittleren Raute nach unten falten, siehe Abbildung. Mit Süßigkeiten füllen.

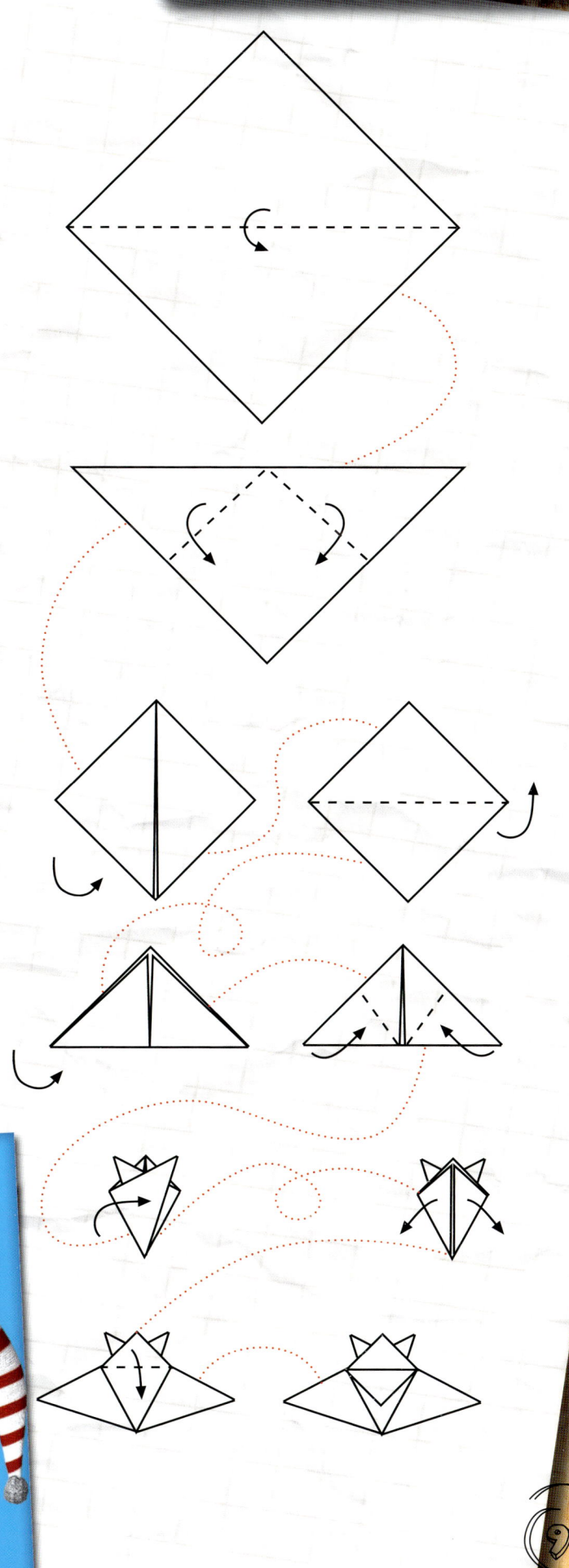

Werde Bastelkönig!

Um-die-Wette-Falten

Legt die Faltanleitung in eure Nähe und los geht's. Wer hat als erstes die süße Tüte gefaltet?

Die Segelschiff-Flotte
ist startbereit für die Regatta

Material

Faltblatt in Weiß, Dunkelblau, Mittelblau oder Hellblau, 15 cm x 15 cm

GRUNDANLEITUNG
Papier falten

1. Lege das Papierquadrat mit einer Ecke nach unten und einer nach oben vor dich hin. Falte dann die untere Ecke genau auf die obere. Den Bruch mit dem Daumennagel fest ausstreifen. Öffne die Faltung wieder und verfahre mit den anderen beiden Ecken genauso.

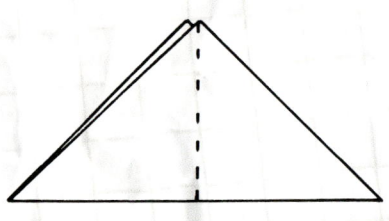

outdoor-projekte

② Lege nun das Quadrat mit zwei Ecken nach unten und oben vor dich hin. Falte die untere Kante genau auf die obere Kante und ziehe die Faltkante mit dem Daumennagel gut nach. Wiederhole den Vorgang mit den anderen beiden Kanten.

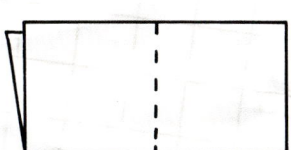

③ Öffne die Faltarbeit wieder.

④ Falte nun die rechte und die linke Kante an den Mittelbruch.

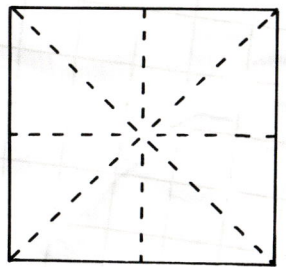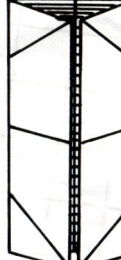

⑤ Öffne die Faltung abermals und verfahre mit den beiden anderen Kanten genauso. Dann entfaltest du das Papier wieder.

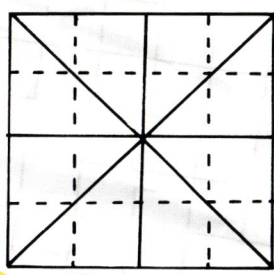

⑥ Nun faltest du die Ecken bis zum ersten Bruch nach, sodass ein Tischtuch entsteht.

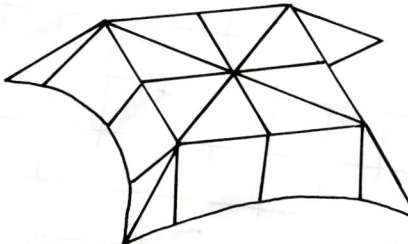

⑦ Drehe das Tischtuch um, sodass die Ecken oben liegen. Drücke dann die Seiten nach innen.

⑧ Falte abschließend jede Spitze nach links und streiche die Faltkanten gut aus.

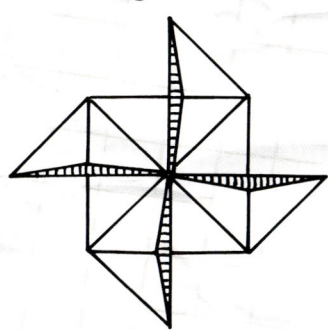

⑨ Klappe das obere Dreieck samt linkem oberen Flügel nach hinten um. Danach klappst du den linken unteren Flügel nach oben und du erhältst Form 10, die wie eine Vase aussieht.

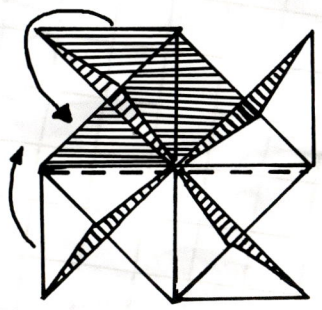

⑩ Falte nun Flügel b auf Flügel a. Wenn du die Form nun etwas nach rechts drehst, sieht sie wie auf Zeichnung 11 aus.

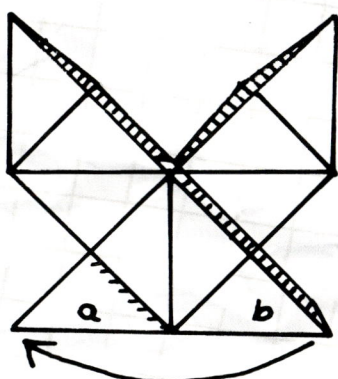

⑪ So sieht das fertig gefaltete Boot aus. Streiche alle Kanten noch einmal gut nach, bevor du das Segelboot aufstellst.

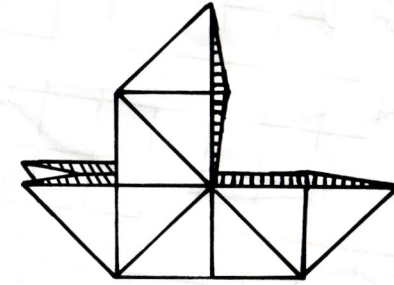

werde Bastelkönig!
Schiff Ahoi!

In dieser Runde werden zwei Mal Punkte vergeben. Drei Punkte bekommt derjenige, der sein Segelboot als erstes korrekt gefaltet hat. Weitere zwei Punkte bekommt derjenige, dessen Boot bei der anschließenden Regatta als erstes über die Ziellinie schwimmt.

Kugelrunde Marionetten-Tiere tanzen herum

Material

durchbohrte Holzkugeln in verschiedenen Größen (z.B. ø 7 cm und ø 1,5 cm) ◦ Marionettenkreuz ◦ Marionettenfäden, ø 0,2 mm ◦ Schnur oder Chenilledraht ◦ Acrylfarbe ◦ Moosgummi, Filz, Wackelaugen, Plüsch, Draht usw. ◦ kleine Ringschrauben ◦ Vorstecher ◦ Zange ◦ Zahnstocher ◦ evtl. Styropor®

1. Bemale zuerst die Kugeln mit Acrylfarbe. Stecke sie dazu auf Zahnstocher. In die große Kugel steckst du von beiden Seiten mehrere Zahnstocher. So kannst du die Kugeln rundum gut bemalen und sie zum Trocknen z.B. in ein Stück Styropor® stecken.

2. Befestige nun die Ringschrauben in der großen Kugel. Um Ringschrauben in die Holzkugel zu drehen, bohrst du kleine Löcher mit dem Vorstecher vor. Die Ringschrauben für die Arme/Flügel werden seitlich, die für die Beine unten angebracht. Beim Hund werden alle Schrauben unten (vorne und hinten) eingedreht. Befestige die Ringschrauben mithilfe einer Zange. Das bereits gebohrte durchgängige Loch der Kugel zeigt von unten nach oben.

3. Ziehe durch jede Ringschraube ein Stück Schnur oder Chenilledraht, knote es fest und fädle die kleineren Holzperlen für Arme und Beine auf. Verknote die Schnur zwischen den einzelnen Perlen bzw. lasse beim Chenilledraht etwas Abstand zwischen den einzelnen Perlen, das macht die Gliedmaßen beweglicher.

4. An den Enden bringst du Hände und Füße aus gelochten Moosgummistücken an oder du klappst das Chenilledrahtende einfach um.

5. Verziere und bemale die Figur nach deinen Vorstellungen. Ohren wie bei Hase und Hund kannst du z.B. aus Moosgummi oder Leder ausschneiden und in das große Loch der Kugel kleben. Oder du klebst Haare aus Langhaarplüsch rund um die Kugel. Aus Draht kannst du Brillen biegen. Besonders leicht lässt sich Alu-Draht biegen, bei stärkerem Draht bitte einen Erwachsenen, dir zu helfen. Die Moosgummiflügel beim Raben werden auf die Kugelarme aufgeklebt.

Für Fortgeschrittene

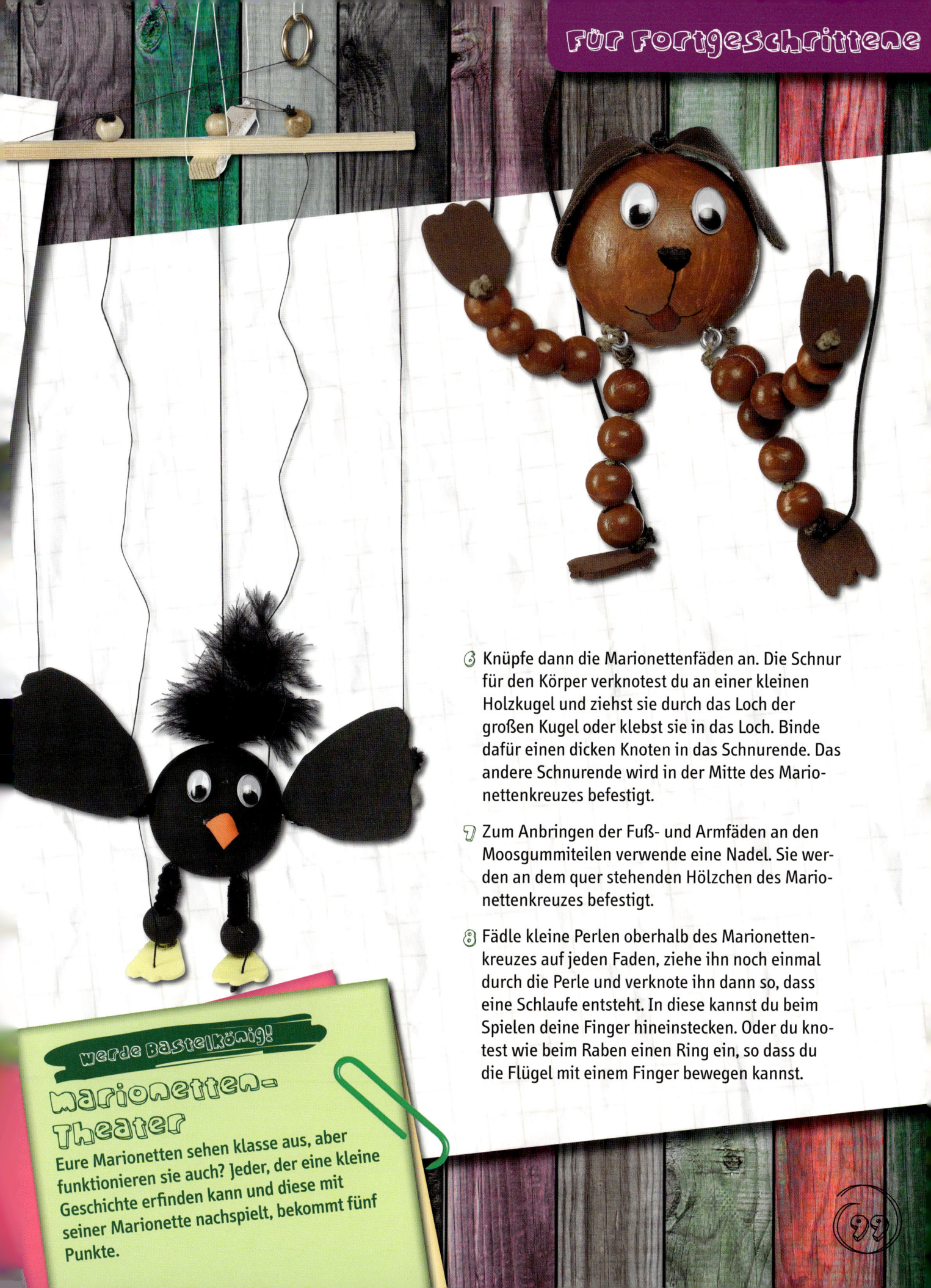

6. Knüpfe dann die Marionettenfäden an. Die Schnur für den Körper verknotest du an einer kleinen Holzkugel und ziehst sie durch das Loch der großen Kugel oder klebst sie in das Loch. Binde dafür einen dicken Knoten in das Schnurende. Das andere Schnurende wird in der Mitte des Marionettenkreuzes befestigt.

7. Zum Anbringen der Fuß- und Armfäden an den Moosgummiteilen verwende eine Nadel. Sie werden an dem quer stehenden Hölzchen des Marionettenkreuzes befestigt.

8. Fädle kleine Perlen oberhalb des Marionettenkreuzes auf jeden Faden, ziehe ihn noch einmal durch die Perle und verknote ihn dann so, dass eine Schlaufe entsteht. In diese kannst du beim Spielen deine Finger hineinstecken. Oder du knotest wie beim Raben einen Ring ein, so dass du die Flügel mit einem Finger bewegen kannst.

Werde Bastelkönig!
Marionetten-Theater

Eure Marionetten sehen klasse aus, aber funktionieren sie auch? Jeder, der eine kleine Geschichte erfinden kann und diese mit seiner Marionette nachspielt, bekommt fünf Punkte.

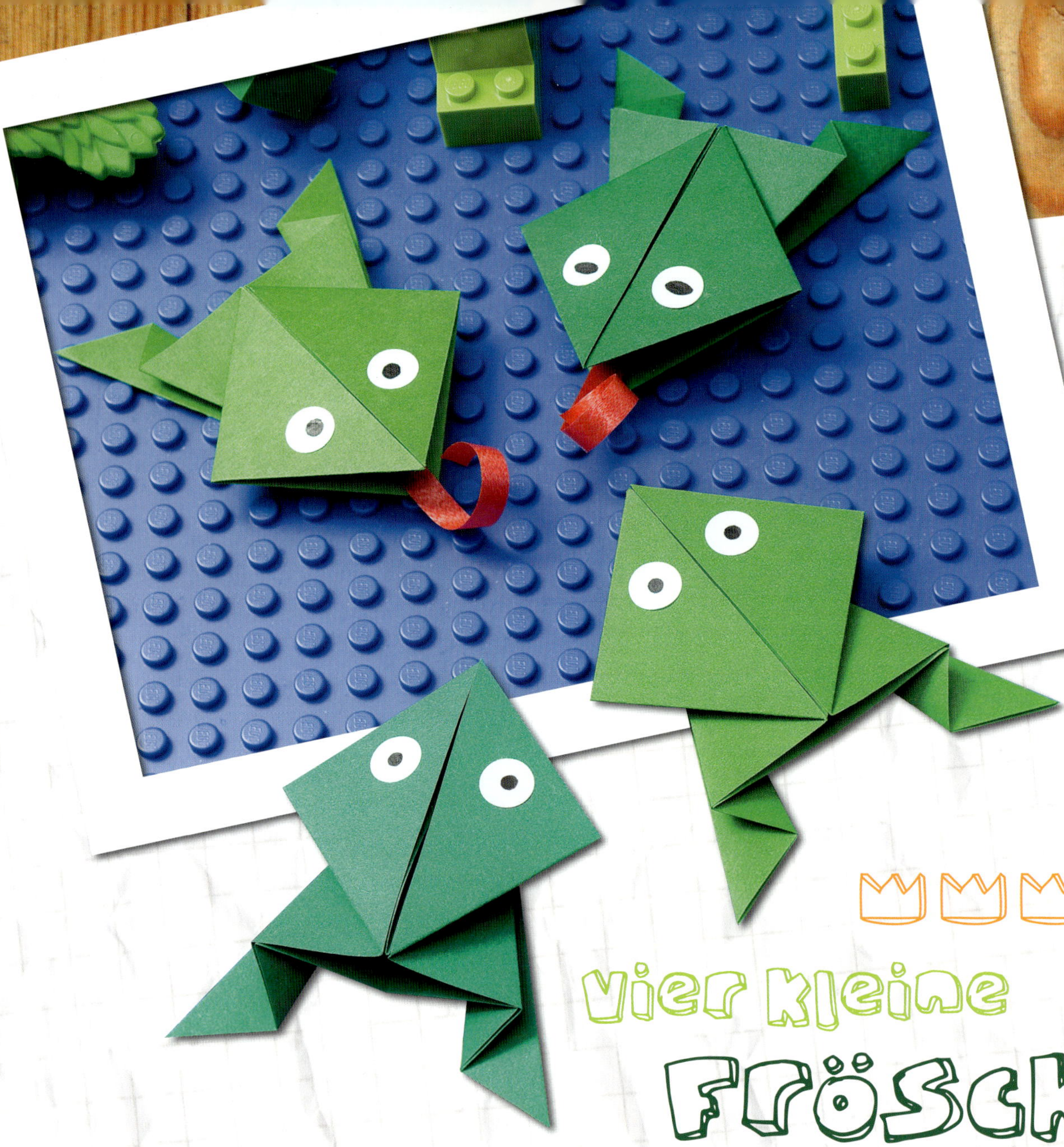

Vier kleine Frösche

Material

Faltblatt in Hell- oder Dunkelgrün, 10 cm x 10 cm ◦ Selbstklebepunkte in 2 x Weiß und 1 x Grün (Maul zusammenhalten), ø 8 mm ◦ Geschenkband aus Kunststoff in Rot, 5 mm breit, 7 cm lang

GRUNDANLEITUNG
Papier falten

werde Bastelkönig!

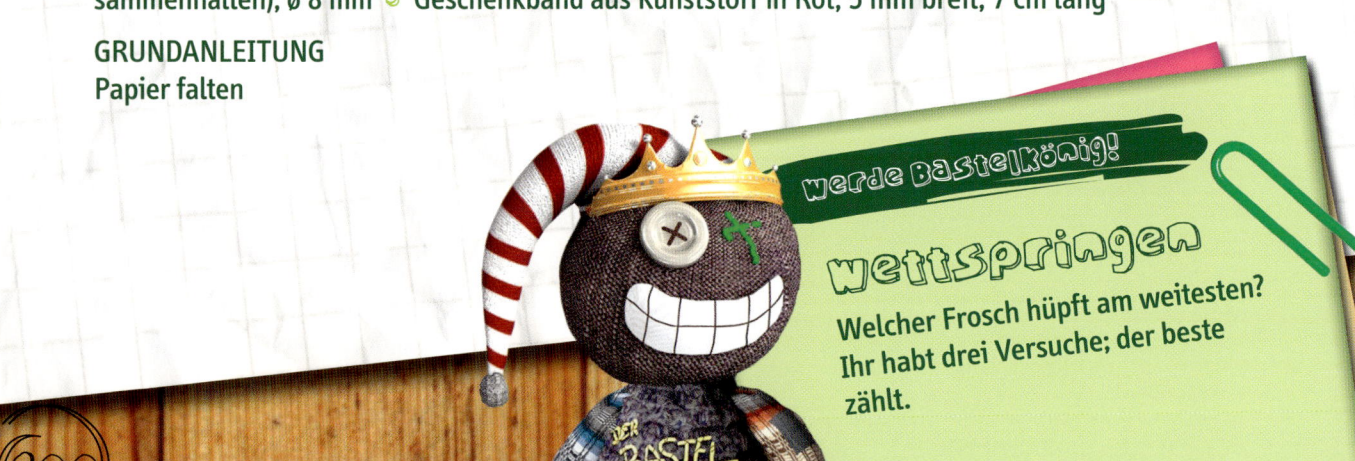

Wettspringen

Welcher Frosch hüpft am weitesten? Ihr habt drei Versuche; der beste zählt.

Zum Sofort-Loslegen

1. Falte zuerst die Schräglinien. Lege dazu das Papier mit einer Ecke vor dich hin. Falte die untere Ecke genau auf die obere und streiche die Faltkante mit dem Daumennagel gut nach. Öffne die Faltung wieder. Drehe das Papier und falte die zweite Schräglinie ebenso.

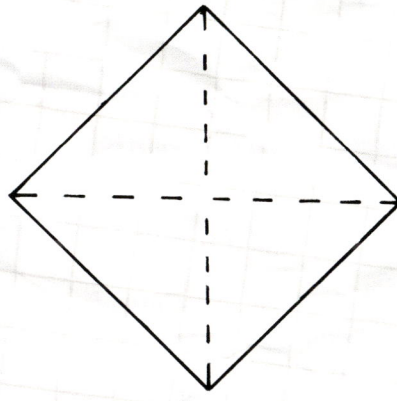

2. Danach faltest du die Geraden. Lege dazu das Papier mit zwei Ecken vor dich hin und falte die untere Kante genau auf die obere Kante. Den Bruch gut ausstreichen, bevor du den Vorgang mit den anderen beiden Kanten wiederholst.

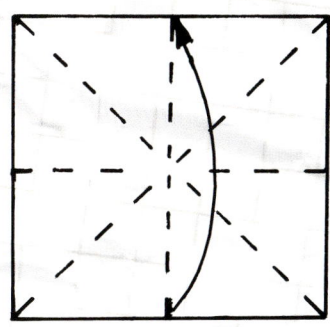

3. Lege nun das Papier mit der Öffnung nach unten vor dich hin. Falte die rechte Seite auf die linke.

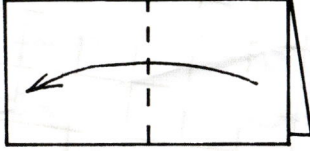

4+5. Stelle das oben liegende Quadrat senkrecht auf und ziehe seine obere Ecke nach unten auf den Bruch. Drücke das Papier an den Schräglinien entlang zum Dreieck. Drehe die Faltarbeit um und wiederhole den Faltschritt mit dem zweiten Papierquadrat.

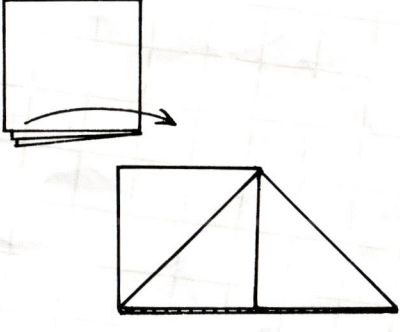

6. Falte als Nächstes die rechte untere Ecke (der oberen Dreieckhälfte) nach oben zur Spitze.

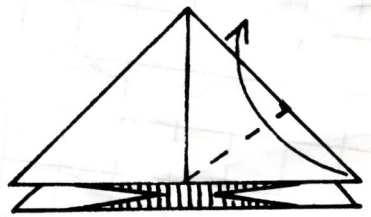

7. Verfahre ebenso mit der linken Ecke, bevor du die Faltarbeit wendest.

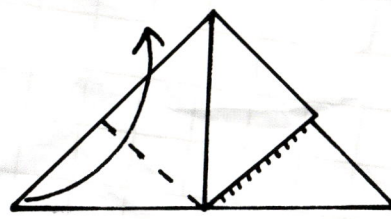

8. Vor dir liegt das Papierdreieck. Falte zuerst jede Außenkante zum Mittelbruch. Danach faltest du jede Seite auf die Hälfte, indem du die Innenkanten auf die Außenkanten legst.

9. So sieht die Rückseite des Tiers nun aus.

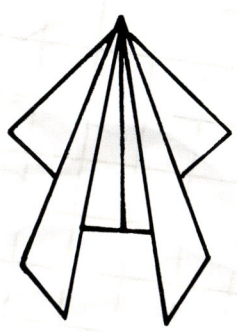

10. Drehe den Frosch um. Füge die beiden getrennten Kopfteile mit einem grünen Klebepunkt von unten zusammen (innen an der Oberseite des Mauls). Die weißen Klebepunkte setzt du als Augen auf und malst die Pupillen mit einem Stift darauf. Kräusle das Kunststoffband über einem Scherenrücken und klebe das Bandende an die Maulunterseite.

Fadenspannbilder

Material

dicke Sperrholzplatte, mindestens 40 cm x 40 cm ◦ Acrylfarbe ◦ Wolle oder Garn ◦ ca. 150 Messingnägel ◦ Wackelaugen, Plüschpompons, Wattekugeln ◦ Karopapier ◦ Hammer ◦ Zange ◦ Schleifpapier ◦ doppelseitiges Klebeband

1. Schleife die Holzplatte ab, auch die Kanten, und entferne den Staub. Zeichne dann einen Rahmen auf und male ihn aus. Vergiss beim Bemalen die Kanten nicht! Wer möchte, kann auch noch ein Muster aufmalen.

2. Nun geht's ans Entwerfen deiner Skizze. Wen möchtest du porträtieren? Schaue die Person (oder ein Tier) genau an: Welche Kopfform und Frisur hat sie, trägt sie einen Hut, sind die Ohren besonders groß? Beim „Zeichnen" mit Nägeln sind nur die Umrisslinien wichtig, beschränke dich beim Entwerfen darauf. Zeichne den Kopf und den Oberkörper auf Karopapier. Deine Zeichnung sollte so groß wie die Bildfläche sein. Schreibe auch den Namen der Person auf. Der Name darf nicht zu lang sein, denn er wird auch mit Nagel und Faden „geschrieben".

werde Bastelkönig!

Das schönste Porträt

Wer schafft es, den Moderator so genau wie möglich in seinem Fadenspannbild zu porträtieren? Ihr habt eine halbe Stunde Zeit. Seid dabei vorsichtig, damit ihr mit dem Hammer stets den Nagel und nicht eure Finger trefft.

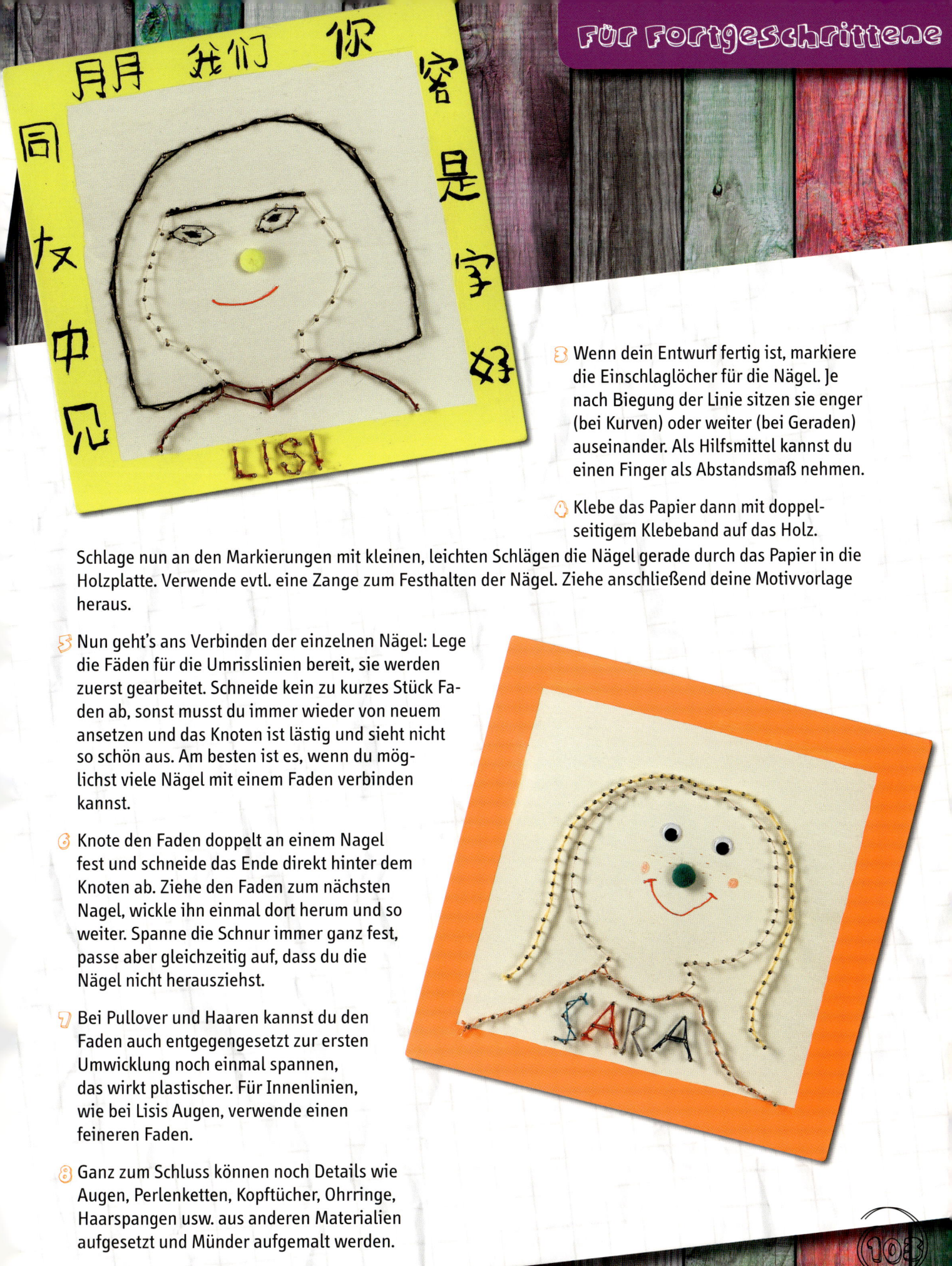

Für Fortgeschrittene

3. Wenn dein Entwurf fertig ist, markiere die Einschlaglöcher für die Nägel. Je nach Biegung der Linie sitzen sie enger (bei Kurven) oder weiter (bei Geraden) auseinander. Als Hilfsmittel kannst du einen Finger als Abstandsmaß nehmen.

4. Klebe das Papier dann mit doppelseitigem Klebeband auf das Holz. Schlage nun an den Markierungen mit kleinen, leichten Schlägen die Nägel gerade durch das Papier in die Holzplatte. Verwende evtl. eine Zange zum Festhalten der Nägel. Ziehe anschließend deine Motivvorlage heraus.

5. Nun geht's ans Verbinden der einzelnen Nägel: Lege die Fäden für die Umrisslinien bereit, sie werden zuerst gearbeitet. Schneide kein zu kurzes Stück Faden ab, sonst musst du immer wieder von neuem ansetzen und das Knoten ist lästig und sieht nicht so schön aus. Am besten ist es, wenn du möglichst viele Nägel mit einem Faden verbinden kannst.

6. Knote den Faden doppelt an einem Nagel fest und schneide das Ende direkt hinter dem Knoten ab. Ziehe den Faden zum nächsten Nagel, wickle ihn einmal dort herum und so weiter. Spanne die Schnur immer ganz fest, passe aber gleichzeitig auf, dass du die Nägel nicht herausziehst.

7. Bei Pullover und Haaren kannst du den Faden auch entgegengesetzt zur ersten Umwicklung noch einmal spannen, das wirkt plastischer. Für Innenlinien, wie bei Lisis Augen, verwende einen feineren Faden.

8. Ganz zum Schluss können noch Details wie Augen, Perlenketten, Kopftücher, Ohrringe, Haarspangen usw. aus anderen Materialien aufgesetzt und Münder aufgemalt werden.

Bunte Papierkrone
für den Bastelkönig

Material

Kleine Krone
je 2 Faltblätter in Blau und Gelb, 10 cm x 10 cm

Mittlere Krone
je 3 Faltblätter in Rot und Gelb, 10 cm x 10 cm

Große Krone
je 3 Faltblätter in drei verschiedenen Blautönen, 10 cm x 10 cm

GRUNDANLEITUNG
Tangrami

1. Alle Blätter zu Tangrami-Basismodulen falten (siehe Grundanleitung S. 134). Dann die letzte Faltung wieder zurückklappen.

2a. Nun hast du zwei Möglichkeiten, die Module ineinander zu stecken: Bei der blauen Krone und bei der blau-gelben Krone werden die Module stets von links bis zur senkrechten Faltlinie des vorherigen Moduls eingesteckt und angeklebt.

2b. Bei der rot-gelben Krone werden die Module so zusammengesteckt, dass eine Farbe (hier Rot) vollständig sichtbar ist. Die roten Module berühren sich an den Spitzen. Die gelben Module sind teilweise verdeckt, berühren sich aber ebenfalls an den Spitzen.

Werde Bastelkönig!

Für die Krönung

Jemand, der Bastelkönig werden möchte, braucht natürlich auch eine Krone. Wer hat seine Tangrami-Krone als erstes auf dem Kopf?

Lustiges Wurfspiel aus Holz

Material

Sperrholz, 1,2 cm stark, 38 cm x 38 cm ○ 4 Rundholzstäbe, ø 4 cm, je 18 cm lang ○ Rundholzstab, ø 1 cm, 16 cm lang ○ Rundholzstab, ø 5 mm, 18 cm lang ○ je 4 Rohholzkugeln, ungebohrt, ø 3 cm und 6 cm ○ Figurendraht oder Seil in Natur, ø 1 cm, 2,20 m lang ○ Spielzeugfarbe in Weiß, Schwarz, Hautfarbe, Rot, Gelb, Braun, Grün und Rosa ○ 8 Schrauben, 0,3 cm x 4 cm ○ Bohrer, ø 5 mm und 1 cm ○ Laub- oder Dekupiersäge ○ Holzleim ○ Schleifpapier

GRUNDANLEITUNG
Vorlagen übertragen

outdoor-Projekte

1. Aus dem Sperrholz vier Scheiben (ø 16 cm) aussägen, schleifen und bemalen. In die Rundholzstäbe für die Körper oben mittig je ein Loch (ø 1 cm, ca. 1 cm tief) für den Hals bohren. In die Kugeln für die Köpfe (ø 6 cm) je ein Loch für den Hals (ø 1 cm, 1 cm tief) und bei den Bienen je zwei schräg nach außen geneigte Löcher für die Fühler (ø 5 mm, 1 cm tief) bohren. Die Rundholzstäbe für die Hälse (ø 1 cm) in vier 4 cm lange Teile, für die Fühler (ø 5 mm) in sechs 3 cm lange Teile sägen.

2. Beim Bären die aus einem Sperrholzrest ausgesägten Ohren mit Holzleim anbringen. Fühler und Hälse in die Köpfe leimen und anschließend alles bemalen. Nach dem Trocknen die Hälse in die Körper kleben. Dann die Körper von der Unterseite her mittig mit je zwei Schrauben auf die Bodenplatten schrauben.

3. Für die Ringe den Figurendraht bzw. das Seil in vier 55 cm lange Stücke schneiden. In die Kugeln (ø 3 cm) je ein Loch (ø 1 cm) durchgehend bohren, dann die Kugeln bemalen und trocknen lassen. Die Seile bzw. den Figurendraht zu einem Kreis biegen, die Enden mit Holzleim in die Kugeln kleben.

Werde Bastelkönig!

Gut Zielen

Wer ist treffsicher? Sobald das Wurfspiel gebastelt ist, könnt ihr gegeneinander antreten! Jeder hat drei Würfe.

Bunter Kopfschmuck
mit Kartoffeldruck

Zum Sofort-Loslegen

Material

Kartoffeln ○ Küchenmesser ○ Fotokartonstreifen in beliebiger Farbe, 4 cm breit, ca. 60 cm lang ○ Acrylfarbe in Rot, Gelb, Blau, Grün und Weiß ○ Feder in beliebiger Farbe

1. Schneide eine rohe Kartoffel in der Mitte durch und dann so zurecht, dass die Form eines Rechteckes oder Dreieckes entsteht.

2. Die Druckfläche muss gerade abgeschnitten sein, damit die Kartoffel gleichmäßig druckt. Vorher auf einem Schmierblatt ausprobieren!

3. Mit dem Pinsel die gewünschte Farbe auf die Druckfläche auftragen und fest auf den Fotokartonstreifen aufdrücken, damit der Stempelabdruck deutlich wird. Am saubersten sieht es aus, wenn nach jedem Druck die Kartoffel neu eingefärbt wird. Willst du mit dem selben Stempel in einer anderen Farbe drucken, wische zuerst die restliche Farbe mit einem feuchten Tuch ab, damit die Farben nicht verschmieren. Am besten erst die hellen, dann die dunklen Farben aufdrucken.

4. Die Bänder nach dem Trocknen mit Alleskleber zusammenkleben und mit aufgeklebten Federn schmücken.

Werde Bastelkönig!

Stempelwettkampf

Beim Stempeln mit Kartoffeln könnt ihr eurer Kreativität freien Lauf lassen. Wer stempelt sich am schnellsten einen bunten Kopfschmuck?

Werde Bastelkönig!

Basteln mit Naturmaterial

Richtet euch draußen auf einem großen Tisch einen Arbeitsplatz ein: Jeder bekommt einen Kürbis, Lackmalstifte oder Acrylfarbe sowie Schere, Kleber und Co. Dann geht es los: Lauft herum und sucht euch Materialien aus der Natur zum Verzieren eures Kürbisses. Ihr habt 15 Minuten Zeit, um den kreativsten Kürbiskopf zu gestalten. Der Moderator ist die Jury.

Outdoor-Projekte

Kleine Kürbisköpfe

Material

Acrylfarbe oder Lackmalstifte in Weiß und Rot ○ **Küchenkrepp** ○ **Zahnstocher**

Kürbiskopf mit Zitronenhut
Zierkürbis in Grün-Gelb gefleckt, ø ca. 7 cm, ca. 7 cm hoch ○ Zitronenhälfte ○ Moos in Grün

Kürbiskopf mit Krone
Zierkürbis in Gelb, ø ca. 7 cm, ca. 7 cm hoch ○ 7 Bodendecker-Beeren in Rot ○ Dschungel-Moos in Rot

Kürbiskopf mit Hagebuttenhut
Zierkürbis in Grün-Gelb, ø ca. 7 cm, ca. 7 cm hoch ○ 6 Blätter in Grün ○ Hagebutte

1 Die Kürbisse waschen und mit Küchenkrepp abtrocknen. Nun auf jeden Kürbis mit schwarzem Dekostift Augen- und Mundkonturen aufmalen. Augen und Mund mit weißer und roter Farbe ausmalen und trocknen lassen. Nach dem Trocknen die Konturen nochmals mit schwarzem Dekostift nachziehen.

Kürbiskopf mit Zitronenhut

2a Die Hälfte einer Zitrone ausdrücken, alle Fruchtfleischreste entfernen und das Innere mit Küchenkrepp trocken tupfen. Das Moos mit Alleskleber an eine Kopfseite kleben. Die Zitronenmütze anpassen. Von der Mitte aus etwas nach hinten versetzt ein Loch für den Zahnstocher mithilfe einer dicken Nadel vorbohren. Die Mütze mit dem Zahnstocher am Kürbiskopf befestigen.

Kürbiskopf mit Krone

2b Mit einer dicken Nadel oben am Kürbis kreisförmig sieben Löcher im Abstand von ca. 1 cm bohren. Das Dschungel-Moos als Haare auf den Kürbis kleben. Die Zahnstocher in die vorgebohrten Löcher einsetzen und die Beeren auf die Zahnstocher spießen.

Kürbiskopf mit Hagebuttenhut

2c Mithilfe einer dicken Nadel oben am Kürbiskopf ein Loch vorbohren und den Zahnstocher einstecken, sodass er oben ca. 2 cm herausragt. Die sechs Blätter nun in Fächerform auf den Zahnstocher spießen und zuletzt die Hagebutte anbringen.

werde Bastelkönig!

Bei Puste bleiben

Welche Windmühle dreht sich am längsten? Der Moderator stoppt die Zeiten. Auf die Plätze, pusten, los!

Faszinierende Windmühle

Material

festes Transparentpapier mit Motivdruck, 24 cm x 24 cm

GRUNDANLEITUNG
Papier falten

1. Falte die rechte Spitze nach links. Öffne die Faltung wieder und wende das Papier.

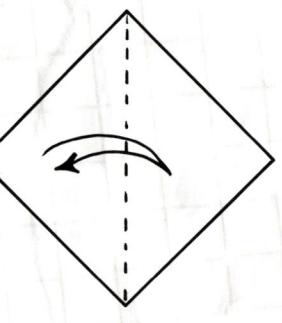

2. Falte die obere Spitze nach unten und öffne die Faltung wieder.

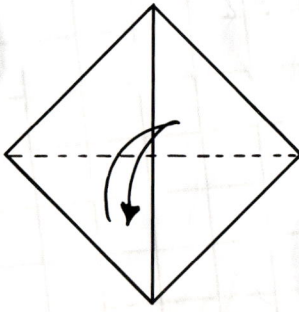

Zum Sofort-Loslegen

3 Falte nun die beiden Mittellinien deines Quadrates, indem du die Ober- auf die Unterkante und die Seitenkanten aufeinander faltest. Wieder öffnen.

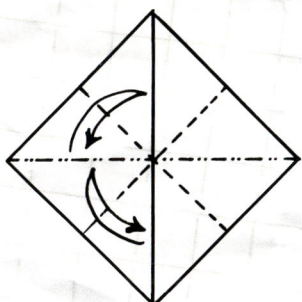

4 Schiebe und falte das Papier nun zu einem zweilagigen Quadrat mit zwei dreieckigen Innentaschen. Führe dazu die Ecken 1 und 2 zur Ecke 3, dabei rutscht auch die Ecke 4 mit hoch.

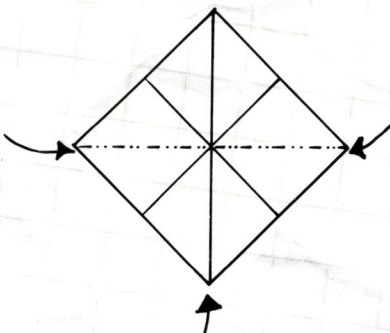

5 So sieht die Form nun aus.

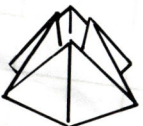

6 Drücke die Form flach und streiche alle Kanten gut nach.

7 Drehe deine Faltung so, dass die Öffnung unten ist. Falte dann die linke Papierspitze zur Mittellinie.

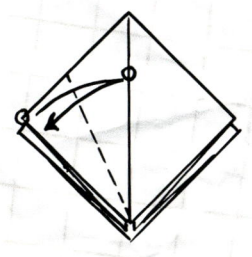

8 Ergebnis von Schritt 7. Öffne die Faltung wieder.

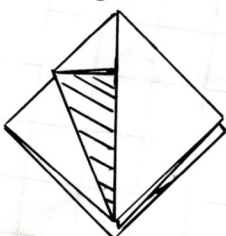

9 Wiederhole den Faltschritt in entgegengesetzter Richtung mit der gleichen Spitze und öffne die Faltung wieder.

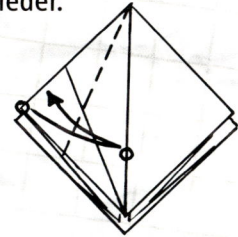

10 So sieht die Faltung aus Schritt 9 aus, bevor du das Papier wieder öffnest.

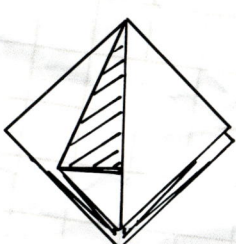

11 Falte nun beide Kanten gleichzeitig zum Mittelbruch, dann entsteht in der Mitte eine Tasche, die im rechten Winkel nach oben zeigt. Diese Tasche zu einer Spitze zusammenfalten und nach unten umklappen.

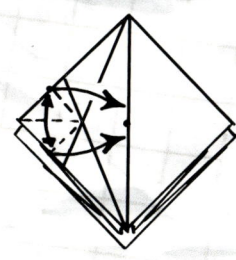

12 So sieht die Faltung jetzt aus.

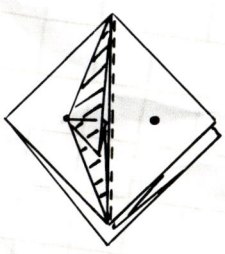

13 Diese Faltung nach rechts umklappen. Wiederhole die Schritte 7 bis 12 auf den anderen drei Seiten. Dafür immer wieder die hinterste rechte Lasche von hinten zur linken Seite umklappen.

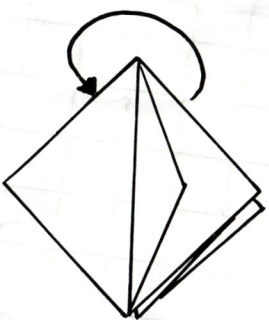

14 Öffne zuletzt die vier Flügel (Spitzen) etwas, damit du Luft dazwischen blasen kannst und die Windmühle sich gut dreht.

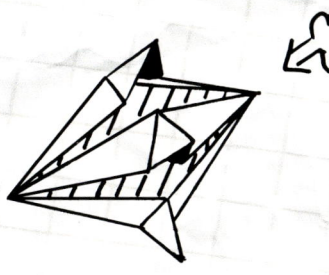

Kunterbunte Sommerwiese aus Acryl

Material

Acrylfarbe in Weiß, Gelb, Orange, Rot, Schwarz, Grün und Blau ○ Kreppklebeband ○ Keilrahmen, 20 cm x 20 cm ○ Schwämmchen ○ Holzkeil zum Ritzen von Mustern ○ Palette oder alter Teller

1. Die Farben Gelb, Grün und Blau auf eine Palette oder einen alten Teller geben. Mit der hellsten Farbe beginnen und diese mit dem Schwämmchen auf den gesamten Keilrahmen tupfen.

2. Mit einem Holzkeil senkrechte Linien als Gräser in die feuchte Farbe kratzen. Trocknen lassen.

3. Nun etwas Gelb und Weiß auf die Palette geben. Mit dem Zeigefinger etwas gelbe Farbe aufnehmen und mindestens zehn Punkte in einigem Abstand voneinander als Blütenmitten auf den Keilrahmen tupfen. Anschließend noch mal die gleichmäßige Aufteilung der Punkte überprüfen und evtl. verbessern. Dann mit Weiß jeweils sechs Blütenblätter an die Blütenmitte tupfen. Dafür zunächst ein Blütenblatt oben und eines unten an die Blütenmitte setzen und dann jeweils ein Blatt links und rechts neben dem oberen und links und rechts neben dem unteren Blütenblatt. Dies bei allen Blüten wiederholen. So werden alle Blütenblätter gleichmäßig verteilt.

4. Nach dem Trocknen die weißen Blätter mit Gelb, Orange, Rot und Blau übermalen, dabei immer nur eine Farbe für eine Blüte verwenden. Bei den gelben Blüten die Blütenmitten mit Orange übertupfen, damit sie sich farblich von den Blättern unterscheiden.

Für Fortgeschrittene

Werde Bastelkönig!

Blumen tupfen im Akkord

Bereitet euren Arbeitsplatz sorgfältig vor. Nun geht es los: Derjenige, der zuerst seine Blumenwiese mit mindestens zehn Blumen getupft hat, gewinnt.

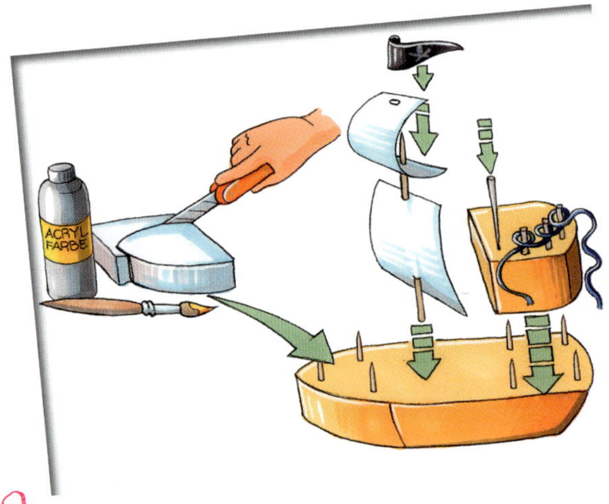

Styropor®-Boot
auf hoher See

material

Piratenschiff
2 Styropor®-Stücke, ca. 9 cm x 4 cm x 30 cm und 9 cm x 2 cm x 8 cm ○ Tonpapier in Weiß, A4 ○ Tonpapierrest in Schwarz ○ 3 Schaschlikstäbchen ○ 20 Zahnstocher ○ 12 Selbstklebepunkte in Schwarz, ø 1,3 cm ○ dünne blaue Kordel, ca. 1,5 m lang ○ Acrylfarbe in Ocker

Piraten
Weinkorken ○ Stoff- oder Filzrest in Schwarz ○ Acrylfarbe in Schwarz, Weiß, Blau, Orange und Rot

outdoor-Projekte

Piratenschiff

1. Zeichne zuerst den Schiffbauch auf das große Styropor®-Stück und schneide es mit einem Taschen- oder Küchenmesser vorsichtig aus (lasse dir hierbei von einem Erwachsenen helfen!). Der Schiffsbauch ist 20,5 cm lang und 9 cm breit. An der Vorderseite läuft der Schiffsbauch spitz zu. Mithilfe des ausgeschnittenen Schiffbauchs kannst du nun Bug und Heck ebenfalls aufzeichnen und ausschneiden. Das Heck ist ca. 7 cm, der Bug ca. 5,5 cm lang.

2. Jetzt kannst du dein Schiff zusammenbauen. Hinten muss das obere Schiffsteil über das untere Teil leicht hinausragen. Befestige das vordere Teil mit drei, das hintere Teil mit vier Zahnstochern. Achte dabei darauf, dass du die Zahnstocher von oben durch beide Styropor®-Teile steckst. Überstehende Zahnstocherstücke einfach mit der Schere abschneiden. Male das Schiff an und lasse es trocknen.

3. Zeichne die Segel auf weißes und die Fahnen auf schwarzes Tonpapier. Die Segel haben folgende Maße: 9 cm x 7,5 cm x 7 cm x 7,5 cm (groß) und 7,5 cm x 6,5 cm x 4,5 cm x 6,5 cm (klein). Schneide alles aus. In die Segel mit einer spitzen Schere Löcher bohren und die Segel auf die Schaschlikstäbchen stecken. Male mit weißem Stift einen Totenkopf auf die Fahnen und klebe die Fahnen oben um die Mastspitze.

4. Jetzt musst du noch die Reling basteln. Dafür die Zahnstocher in der Mitte durchbrechen, in gleichmäßigen Abständen mit der Spitze nach unten am vorderen und hinteren Teil des Schiffes einstecken und mit einer blauen Kordel umwickeln. Die Kordelenden verknoten. Damit die Kordel nicht wegrutscht, kannst du sie an den Zahnstochern ankleben.

5. Nun die Segelmasten einstecken, Klebepunkte als Bullaugen um das hintere Schiffteil herum anbringen und los geht es auf Schatzsuche!

Piraten

Male auf einen Weinkorken mit verschiedenen Farben die Kleidung des Piraten, lasse aber das Gesicht frei. Zeichne Augen, Ohren, Nase und Mund mit Filzstiften auf (Abb. 2). Jetzt noch die Augenklappe und den Bart aufmalen. Du kannst für den Piraten auch einen Hut aus Papier- oder Filzresten basteln.

2

werde Bastelkönig!

Korkenboot

Bastelt euch ein Piratenschiff nach Lust und Laune. Nun folgt der Belastungs-Test: Wessen Schiff kann die schwerste Beute transportieren? Setzt euer Schiff auf Wasser und beladet es schrittweise. Derjenige, dessen Boot am längsten schwimmt, ohne Frachtstücke zu verlieren, gewinnt fünf Punkte.

Werde Bastelkönig!

Monstermäßige Frisuren

Was könnten diesen Monstern noch für Haare wachsen? Wer von euch zaubert seinem Monster die originellste Frisur? Der Moderator bewertet die Ergebnisse.

Schwungvolle Monster

Material

Tonkarton in Grün, Lila, Weiß und Schwarz, A5 ○ Tonkartonreste in Rot und Orange ○ Filzreste in Lila, Grün und Orange ○ 3 runde Bierdeckel ○ je 2 Pfeifenputzer in Schwarz, Grün, Lila, Rot, Orange und Gelb, 20 cm lang ○ je 2 Wattekugeln in Grün und Weiß, ca. ø 15 cm ○ Zugfeder, 20 cm lang ○ etwas Abstandsband

GRUNDANLEITUNG
Vorlagen übertragen

1. Zuerst werden die Bierdeckel mit bunten Tonkartonkreisen überklebt. Bereite die Haare vor, indem du den Filz in dünne Streifen schneidest und danach mit etwas Nähgarn zusammenbindest.

2. Jetzt bemalst du die Augen, klebst die Nase mit Abstandsband am unteren Ende dahinter und fügst von oben die Haare an. Klebe das Gesicht so auf, das die Nase lustig absteht. Der Mund wird leicht zusammengeschoben und nur an zwei Punkten außen festgeklebt.

3. Nun bekommen die Monster ihre Arme und Beine. Die Pfeifenputzer wickelst du dazu locker um einen Finger und klebst sie hinter die Monsterkörper. Das grüne Monster bekommt noch bunte Wattekugeln als Hände und Füße aufgeklebt. Stecke die Kugeln dazu auf die Enden der Pfeifenputzer.

4. Du kannst eine Zugfeder hinter den Monstern anbringen. Auf dem Foto hat das mittlere Monster eine bekommen, so kann es lustig von der Decke schaukeln.

Pappmaché-Vögel
Zum Schütteln und Musizieren

Für Fortgeschrittene

Material

Pro Vogel
Plastikflasche, ca. 24 cm hoch ○ fester Fotokartonrest ○ Tapetenkleister ○ Toilettenpapier ○ Malerkrepp, ca. 3 cm breit ○ Zeitungspapier ○ Seidenpapier in Weiß ○ 2 Wattekugeln in Weiß, ø 3 cm ○ Flauschfedern in Gelb, Orange und Grün ○ Acrylfarbe in Gelb, Orange, Rot, Pink, Hellviolett, Türkis, Hellblau, Mittelblau, Hellgrün, Weiß und Schwarz ○ Reis, kleine Kiesel, Sand, Glöckchen o.Ä.

GRUNDANLEITUNG
Pappmaché ○ Vorlagen übertragen

1. Die Plastikflaschen mit Reis, kleinen Kieseln, Sand, Glöckchen o.Ä. befüllen. Sollte die Flasche keinen Verschluss mehr haben, kannst du eine Pappscheibe mit Malerkrepp über der Öffnung befestigen. Die Flasche dann mit kleistergetränktem Zeitungspapier kaschieren (siehe Grundanleitung). Gut trocknen lassen.

2. Flügel, Füße und Kamm aus festem Fotokarton zuschneiden. Die Klebelaschen mithilfe von Zirkelspitze und Lineal anritzen, nach hinten knicken und mit Klebstoff oder Malerkrepp auf der Flasche befestigen. Die Wattekugeln als Augen mit Heißkleber anbringen. Dann alles mit Seidenpapierschnipseln kaschieren. Die Füße separat kaschieren.

3. Danach die anderen Verzierungen aus kleistergetränkten Toilettenpapierwulsten anfertigen und aufsetzen (siehe Grundanleitung).

4. Das Werkstück gut trocknen lassen, bevor es mit weißer Farbe grundiert wird. Danach werden zuerst die Hintergründe bemalt und dann die Muster aufgesetzt. Die Punkte kannst du ganz einfach mit einem Wattestäbchen o.Ä. aufdrucken.

Werde Bastelkönig!

Flaschen-Vogel

Jetzt geht es um Schnelligkeit! Wer bastelt am schnellsten aus Plastikflasche, Kleister, Zeitung und Co. solch einen bunten Kameraden?

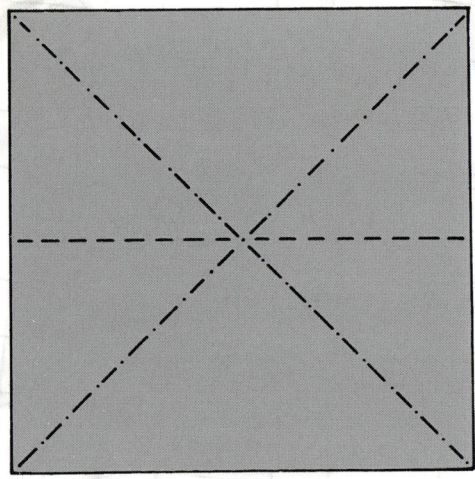

1. Das Papierquadrat zweimal diagonal falten und öffnen, dann wenden und einmal in der Mitte falten.

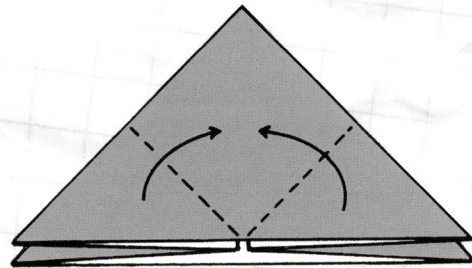

2. Ein Dreieck falten. Die beiden vorderen Spitzen an den gestrichelten Linien zur Mitte falten.

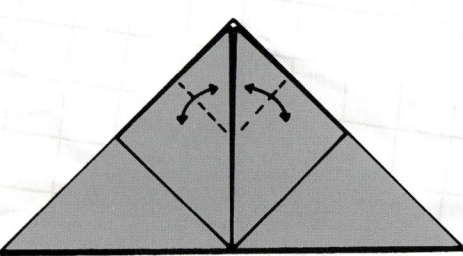

3. Die Spitzen an den gestrichelten Linien von oben nach unten und wieder zurück falten.

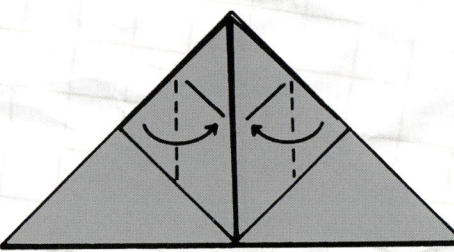

4. Die beiden Ecken an den gestrichelten Linien zur Mitte falten.

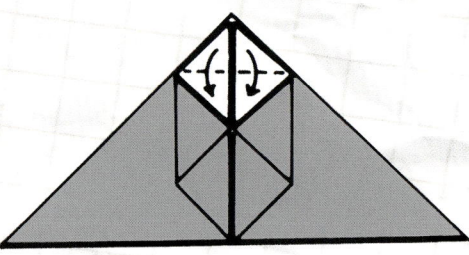

5. Die beiden oberen Spitzen an den gestrichelten Linien nach unten falten.

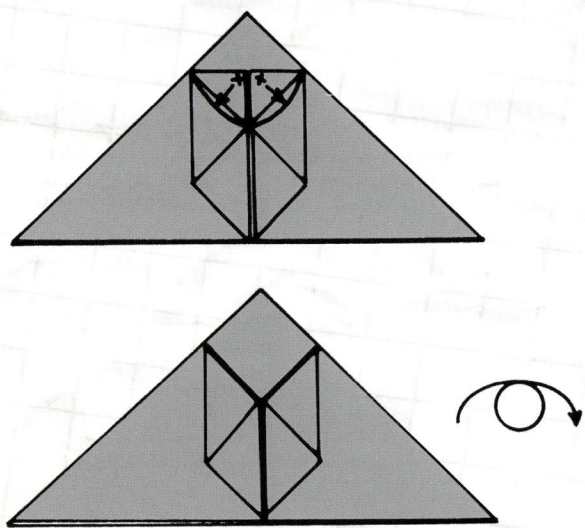

6-7. Die beiden mit einem Kreuz markierten Ecken in die zuvor leicht geöffneten Laschen schieben. Die Figur wenden und die Arbeitsschritte 2 bis 7 wiederholen.

8. Die Figur aufblasen. Der Pfeil markiert die Einblasöffnung. Es entsteht ein Ballon.

Werde Bastelkönig!

Recycling-wettkampf

Ihr habt kein Origamipapier? Dann sucht euch Ersatz! Derjenige, der als erstes ein geeignetes (quadratisches) Papier gefunden und den Ballon gefaltet hat, gewinnt.

Papierballon zum Aufpusten

Zum Sofort-Loslegen

Material

Origamipapier, 15 cm x 15 cm

GRUNDANLEITUNG
Papier falten

Ausgefallene Freundschaftsbänder knüpfen

Material

Band in Grüntönen
Perlgarn in Gelb, Beige, Hellgrün, Mittelgrün und Dunkelgrün

Band in Lila-Gelb-Tönen
Perlgarn in Hellgelb, Orange, Hell-, Mittel- und Dunkellila

GRUNDANLEITUNG
Freundschaftsbänder knüpfen

1. Du beginnst mit zwei Reihen RR-K aus zehn Fäden.

2. Nun jeweils fünf Reihen RR-K aus zwei gleichfarbigen Fäden knüpfen. Dabei einen RR-K wie folgt knüpfen: Den rechten Faden als Leitfaden straff spannen und mit dem linken Faden als Knüpffaden einen RR-K ausführen. Für den zweiten Knoten wieder den rechten Faden spannen und mit dem linken Faden einen weiteren RR-K knüpfen. So mit jeder Farbe fünf Knoten knüpfen. Da immer nur ein Knoten bis zum Fadenwechsel geknüpft wird, sieht es aus, als wären die Bänder senkrecht gearbeitet. Von links nach rechts mit allen Fäden wieder zwei Reihen RR-K knüpfen.

3. Schritt 2 noch sieben Mal wiederholen. Als Abschluss entweder aus zweimal drei und zweimal zwei Fäden eine Rundkordel oder zwei Zöpfe aus je zweimal zwei und einem Faden flechten.

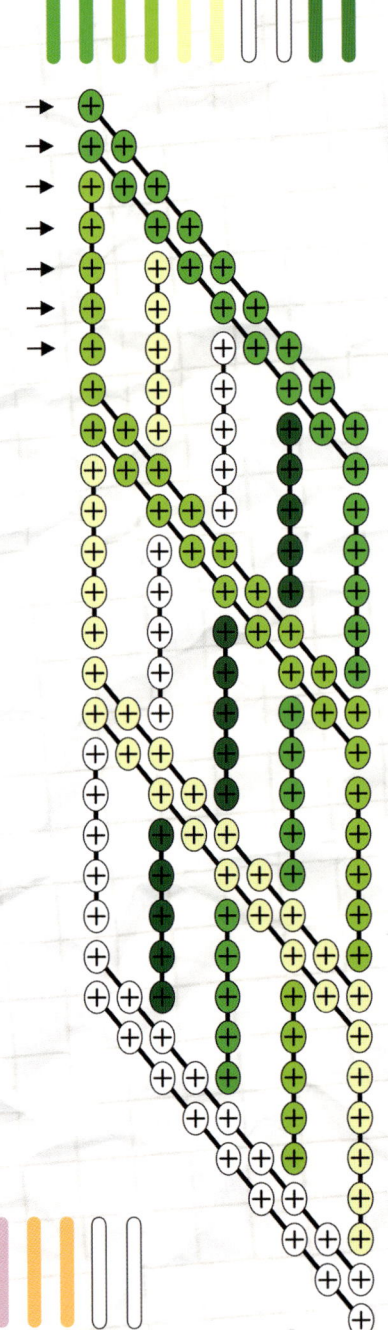

Farbvariante

Für Fortgeschrittene

Werde Bastelkönig!

10-Minuten-Contest

Wer knüpft schneller? Der Moderator stoppt zehn Minuten. Derjenige, der in dieser Zeit das längste Stück geknüpft hat, gewinnt.

Treffsicheres Katapult aus Holz

Material

Sperrholz, 6 mm stark, 20 cm x 4,5 cm (Bodenplatte) und 2 x 11 cm x 3,5 cm (Seitenwände) ◦ Flaschenkorken (als Munition) ◦ Gummilitze, 5 mm breit, 30 cm lang ◦ Acryl- oder Bastelfarben ◦ Express-Holzleim ◦ 2 Schraubzwingen ◦ Schleifpapier, 220er Körnung ◦ Schwämmchen ◦ Holzbohrer, ø 5 mm

outdoor-Projekte

1. Die Sperrholzbretter für den Boden und die Seitenwände mit Schleifpapier glätten.

2. Mit dem Holzbohrer die Löcher in die Seitenwände bohren, wie in Abb. 1 ersichtlich.

3. Bestreiche die untere Seite einer Seitenwand mit Leim, drücke sie auf die Bodenplatte und spanne sie mit zwei Schraubzwingen fest, bis der Leim nach zehn Minuten trocken ist (Abb.1). Das durchbohrte Ende des Seitenteils ist bündig mit der Bodenplatte. Später wird das andere Seitenteil ebenso angeleimt.

4. Es folgt das Bemalen mit dem Schwämmchen. Auf diese Weise lässt sich die Farbe schnell und gleichmäßig auf dem Katapult verteilen.

1

5. Nun ziehst du die Gummilitze durch die beiden Bohrlöcher und bindest die Enden zusammen. Die verknoteten Enden ziehst du nach unten auf die Katapultunterseite. Wenn du die Gummilitze in der Katapultrinne leicht nach hinten dehnst und dann loslässt, sollte die ungespannte Litze nicht weiter nach hinten reichen als die beiden Seitenwände (Abb. 2). Jetzt ist das Katapult fertig.

6. Als Munition dienen Flaschenkorken, die du ebenfalls bemalen kannst. Als Ziel dienen Pappröhren aus Toiletten- oder Küchenpapierrollen. Diese Papprollen kannst du entweder bemalen oder mit buntem Tonpapier umkleben.

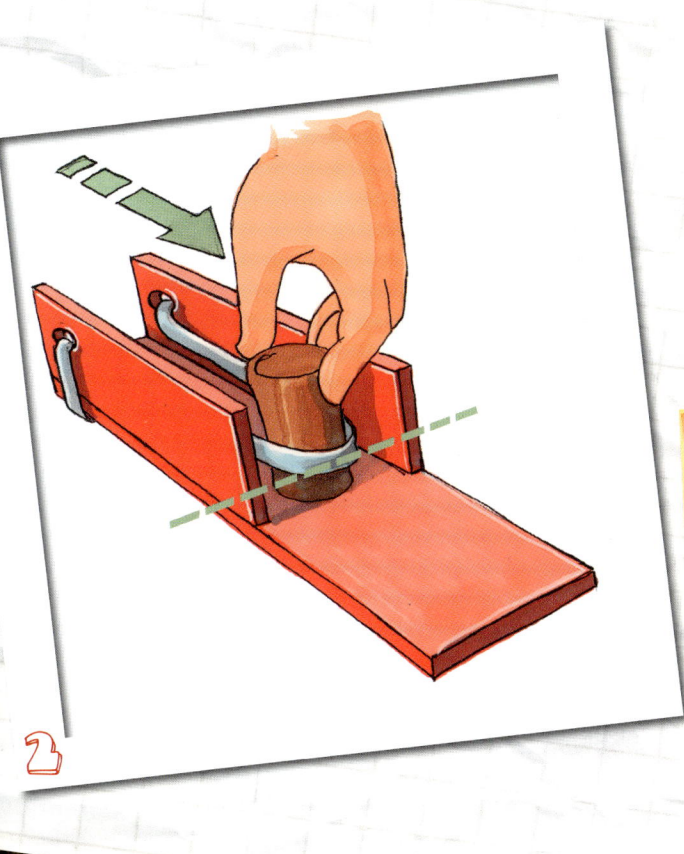

2

werde Bastelkönig!

Katapult-Contest

Schießt um die Wette! Als Munition könnt ihr Flaschenkorken benutzen. Wer schießt den Korken am weitesten? Achtet unbedingt darauf, dass niemand in eurer Schusslinie steht!

Grundausstattung
eines Bastelkönigs

Die folgenden Materialien gehören auf einen jeden Werk- und Basteltisch. Sie werden immer wieder benötigt und sind daher bei den einzelnen Modellen nicht mehr extra mit aufgeführt.

Bleistift, Lineal, Radiergummi und Anspitzer – ohne sie geht fast nichts.

Dekostifte sind ganz besondere Filzstifte. Du kannst mit ihnen auf fast allen Materialien malen und schreiben, z. B. Holz, Metall, Papier, Stei Styropor®, Kork, Kunststoff und Karton.

Schere zum Schneiden von Papier, Karton, Wolle, Folie und mehr.

Taschenmesser – am besten mit feststellbarer Klinge, kleiner Säge und Bohrahle. Lass dir von einem Erwachsenen helfen, wenn du damit arbeitest.

Kraftkleber – der All ner klebt nicht nur P und Pappe. Auch Ste Filz, Kork und viele a Materialien werden fest verbunden.

Grundausstattung

Heißkleber brauchst du für Klebearbeiten mit Muscheln, Metall oder Holz.

Pinsel in verschiedenen Größen werden zum Auftragen der Farben benötigt.

Buntstifte in vielen Farben machen deine Papierarbeiten bunter.

Klebeband und Tesafilm helfen dir zum Beispiel beim Befestigen des Transparentpapiers auf dem Vorlagebogen, damit dieser nicht verrutscht.

Mit einem **Zirkel** kannst du Schablonen für Kreise anfertigen.

Stopfnadel, Nähgarn und Sicherheitsnadeln kannst du immer wieder gut gebrauchen.

Cutter und Schneideunterlage kannst du zum Ausschneiden filigraner Motive verwenden. Sei damit aber immer vorsichtig!

Mit dünnen **Filzstiften** in Rot und Schwarz werden Münder und Augen gestaltet. Mit einem **weißen Lackmalstift** werden weiße Lichtpunkte in die Augen gesetzt.

Transparentpapier und Pappe wird zum Übertragen von Vorlagen und zum Anfertigen von Schablonen benötigt.

Hinweis

Mit Rest ist immer ein Stück gemeint, das maximal A5 groß ist.

So wird's gemacht

Die meisten Bastelideen in diesem Buch sind ganz einfach. Du brauchst nur die benötigten Materialien und Werkzeuge zusammenzutragen – und schon kannst du loslegen. Manche Bastelideen sind aber etwas kniffliger. Deshalb kannst du hier nachlesen, wie du Vorlagen richtig überträgst, Papier faltest, Wolle verfilzt oder Freundschaftsbänder knüpfst. Nützliche Tipps helfen dir, damit beim Basteln nichts schief geht!

Vorlagen übertragen

Bei einigen Bastelideen sind Vorlagen abgebildet. Diese helfen dir, damit deine Bastelei nachher auch richtig gut aussieht. Am einfachsten kannst du Vorlagen mit Schablonen übertragen.

1. Lege Transparentpapier, Butterbrotpapier oder dünnes weißes Schreibpapier auf die Vorlagenzeichnungen und ziehe die Linien mit einem Bleistift nach. Achte darauf, dass sich die einzelnen Teile nicht überschneiden. Klebe die abgepausten Vorlagen auf dünne Pappe und schneide sie mit der Schere aus. Fertig sind die Schablonen!

2. Lege die Schablonen auf das Papier, den Karton oder das Material, aus dem du das Motivteil ausschneiden möchtest. Umfahre die Schablonen mit einem Bleistift oder einem Kugelschreiber. Jetzt kannst Du die Motivteile ausschneiden und weiterverarbeiten.

Gesichter gestalten

1. Manchmal ist es einfacher, die Vorlage direkt zu übertragen (zum Beispiel beim Aufmalen von Gesichtern). Zunächst die Vorlage wie oben beschrieben auf Transparentpapier übertragen. Nun das Transparentpapier wenden und auf der Rückseite die Linien mit weichem Bleistift nachziehen. Das Transparentpapier wieder wenden, auf das Modell auflegen und die Linien mit einem harten Bleistift nachziehen.

2. Die Wangen vieler Modelle werden mit Buntstiftabrieb gefärbt. Dazu mit einem Bleistiftspitzer oder Schmirgelpapier etwas Farbe vom Stift schaben und mit dem Zeigefinger auf dem Gesicht verreiben.

Arbeiten mit Salzteig

Modellieren von Figuren

Die Körper der Figuren werden aus Ovalen oder Kugeln geformt. Die Unterseite leicht flach drücken. Wenn du auf dem Körper einen Kopf befestigen möchtest, stecke einen Zahnstocher in den Teig. Die Fläche um den Zahnstocher mit Wasser befeuchten und den Kopf aufsetzen.

Backen

Salzteigfiguren werden, abhängig von ihrer Stärke, unterschiedlich lange gebacken. Beginne daher mit einer Backtemperatur von 50 °C und geöffneter Ofentür, damit die Feuchtigkeit gut entweichen kann. Nach ca. einer Stunde kannst du die Temperatur steigern. Backe Salzteig nie über 120 °C (Heißluft), da sich größere Flächen wölben können. Durch Einstechen mit einer Nadel auf der Rückseite des Salzteigobjekts kannst du überprüfen, ob der Salzteig durchgebacken ist.

Bemalen und Lackieren

Die fertig gebackenen und ausgekühlten Motive kannst du nach Lust und Laune bemalen. Gesichter mit einem schwarzen Dekostift gestalten, die Wangen mit Buntstiftspänen röten. Wenn du das Modell vor Feuchtigkeit schützen möchtest, kannst du es abschließend mit Sprühlack einsprühen.

SALZTEIGREZEPT

- 2 Tassen Weizenmehl
- 2 Tassen Salz
- 20 EL Wasser
- 2 EL Tapetenkleisterpulver

Salz, Mehl und Tapetenkleisterpulver mischen und das Wasser unterrühren. Alles gut verkneten, bis eine glatte Masse entstanden ist. Je nach Konsistenz Mehl bzw. Wasser dazugeben. Der fertige Teig kann, luftdicht verschlossen, mehrere Tage aufbewahrt und verarbeitet werden.

Grundanleitung

Pappmaché

Kaschiertechnik

Die Kaschiertechnik wird auch Schichttechnik genannt. Eine Grundform wird mithilfe von Tapetenkleister in mehreren Lagen mit Zeitungspapierschnipseln überzogen. Das Kaschieren ist einfach und daher für Kinder jeder Altersstufe geeignet.

1. Zerreiße das Zeitungspapier in kleine Stücke, ca. 4 cm x 4 cm groß. Dann die Grundform dick mit Tapetenkleister einstreichen und die Zeitungspapierschnipsel leicht überlappend aufkleben. Nach jeder Lage neuen Kleister auftragen, insgesamt ca. drei bis vier Lagen anfertigen. Streiche die Papierhülle glatt und lasse sie trocknen.

2. Nun werden die Motivteile aus Fotokarton angesetzt. Schneide die Kartonteile aus, knicke die Klebekante nach hinten und klebe sie fest. Zum Kleben kannst du Alleskleber, eine Heißklebepistole oder Malerkrepp verwenden. Danach Motivteile aus Toilettenpapierrollen anbringen.

3. Alles gut trocknen lassen und dann weiß grundieren. Trage die weiße Farbe dick auf, damit Schrift und Fotos auf den Zeitungsschnipseln überdeckt werden. Nach dem Trocknen der Grundierung kannst du die Figur bemalen. Gestalte zuerst die Untergründe, bevor du die Verzierungen mit dünnen Rund- oder Flachpinseln und Schaschlikstäbchen (für Punkte) aufbringst.

Details mit Toilettenpapier

Durchfeuchte etwas Toilettenpapier gut mit Tapetenkleister und knete es leicht durch, schon lässt es sich gut als Verzierung verwenden. Für Wulste legst du zwei Stücke Toilettenpapier aufeinander, rollst sie der Länge nach auf und befeuchtest sie dann mit Tapetenkleister. Setze die Rolle mit Tapetenkleister auf das Objekt und bringe sie mit den Fingern in die gewünschte Form.

Grundanleitung

Papier falten

Die Faltblätter sollten dünn, fest und passend gefärbt sein. Es gibt viele fertig zugeschnittene Faltblätter in verschiedenen Größen. Du kannst auch spezielles Origamipapier kaufen, das muss aber nicht zwingend sein. Die meisten Faltarbeiten gehen vom Quadrat aus. Ob Quadrat, Rechteck oder andere Grundform: Wer sein Faltblatt selbst zuschneidet, muss darauf achten, dass er es exakt ausmisst und genau schneidet.

Wenn es ans Falten geht: Am besten ist es, sich zuerst die Zeichnungen anzusehen; dann den Text mit den Zeichnungen verbinden. Lege das Faltblatt gerade vor dich hin, gleichlaufend mit der Tischkante. Zum Falten von Geraden das Faltblatt mit Daumen und Zeigefinger auf beiden Seiten anfassen, die Ecken genau aufeinanderlegen und die Faltkante mit einem Falzbein oder mit dem Daumennagel von der Mitte aus in beide Richtungen fest ausstreifen. Für Kinder ist das Falzbein eher hinderlich, der Daumennagel genügt.

Falte immer von unten nach oben. Und vergiss nicht: Genaues Arbeiten ist wichtig, um schöne Ergebnisse zu erhalten!

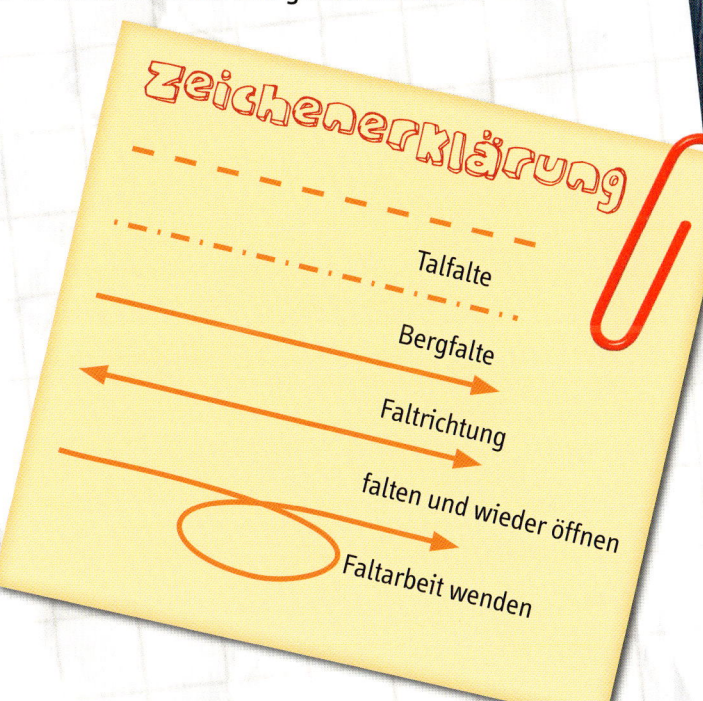

Faltungen

Bergfalte

Wenn die Seiten des Papierbogens nach unten geklappt werden, weist die Faltkante wie eine Bergkette nach oben. Eine Strichpunktlinie markiert eine Bergfalte.

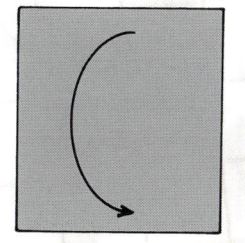 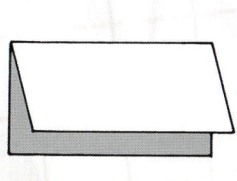 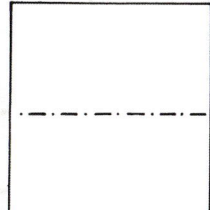

Bergfalte

Talfalte

Wenn ein Papierbogen in der Mitte gefaltet und wieder geöffnet wird, sieht die Faltung wie eine Rinne bzw. ein Tal aus. Eine gestrichelte Linie markiert eine Talfalte.

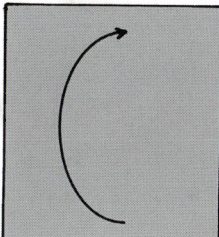 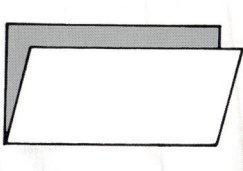 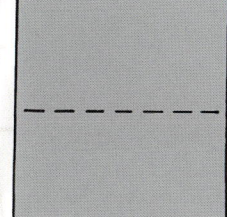

Talfalte

Tangrami

Tangrami-Modelle werden hauptsächlich mit einem gefalteten, dreieckigen Modul, dem sogenannten Basismodul, gearbeitet. Mit diesem Basismodul lässt sich eine unglaublich Vielfalt an Modellen zusammenstecken.

Tangrami-Basismodul

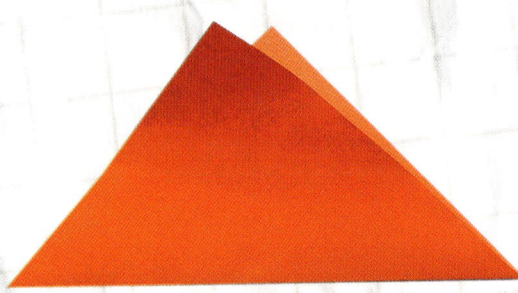

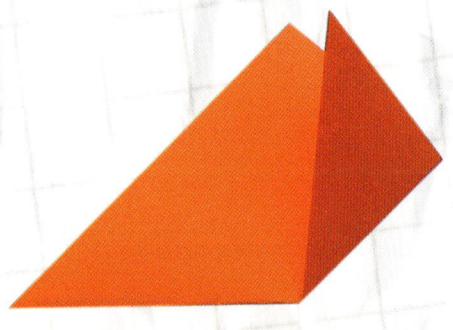

1 Zuerst legst du das Faltblatt auf einer Spitze stehend vor dich auf den Tisch. Dann wird es diagonal nach oben gefaltet, sodass ein Dreieck entsteht. Die lange Seite befindet sich unten.

2 Im zweiten Schritt faltest du die rechte Ecke auf die obere, mittlere Ecke.

3 Jetzt ist die linke Ecke dran. Auch sie wird auf die obere, mittlere Ecke gefaltet. Nun hast du ein Quadrat vor dir liegen.

4 Wende jetzt das Quadrat. Die nach oben gefalteten Spitzen bleiben oben.

5 Falte nun die obere Lage des Quadrats nach vorne und unten.

Grundanleitung

6 Dann ist die rechte Spitze dran, auch sie wird von oben nach unten gefaltet.

7 Das Gleiche gilt für die linke Spitze. Falte sie von oben nach unten. Wenn du alles richtig gemacht hast, liegt nun ein Dreieck vor dir.

8 Zum Schluss wird noch die rechte Hälfte des Dreiecks nach links gefaltet.

9 Schon ist das Basismodul fertig.

10 So sieht das Basismodul im Detail aus. Deutlich sind zwei Einsteckschlitze zu erkennen. Das Modul steht hier auf seiner langen Seite, die Doppelspitze zeigt nach hinten.

Hexentreppen falten

Die Enden von zwei gleich langen und gleich breiten Papierstreifen rechtwinklig aufeinander kleben. Den unten liegenden, im Bild gelben Streifen über den oberen roten Streifen falten. Nun den roten Streifen über den gelben falten etc., bis die gewünschte Länge der Hexentreppe erreicht ist.

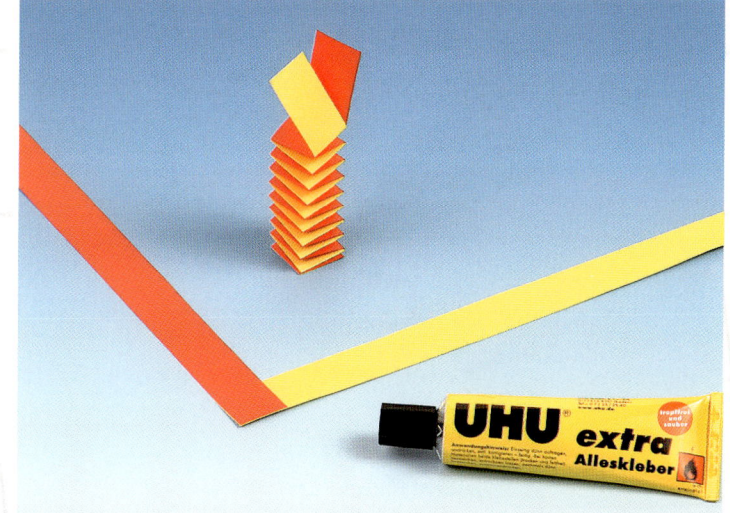

Freundschaftsbänder knüpfen

Fäden anordnen

Die meisten Fäden werden mit einer Länge von ca. 1,10 m zugeschnitten. Sollten längere Fäden benötigt werden, ist dies extra vermerkt. Alle benötigten Fäden nach ca. 12 cm mit einem Knoten (der nachher wieder aufgelöst wird) zusammenfassen. Nun die Fäden gemäß der angegebenen Reihenfolge (siehe Modellanleitung) von links nach rechts anordnen und z.B. mit einem Klebestreifen fixieren. Die Fäden können auch mit Sicherheitsnadeln oder mit Klebefilm an einem Sofakissen oder an der Jeans angebracht werden.

Knoten

Geknüpft wird immer mit zwei Fäden – einem Knüpf- und einem Leitfaden. Der Leitfaden muss immer straff nach unten gespannt werden. Der Knüpffaden liegt immer oben und hat die Knotenfarbe. Jeder Knoten besteht aus zwei Schlingen. Um ein gleichmäßiges Knotenbild zu erhalten, ist es am besten, wenn die erste Schlinge sehr straff und die zweite Schlinge etwas lockerer angezogen wird. Wird der Leitfaden nicht straff gezogen, wechselt die Knotenfarbe und es schleicht sich ein Knoten der Leitfadenfarbe ein. Hier einfach den falschen Knoten mithilfe einer stumpfen Stecknadel wieder lösen, den Leitfaden straff spannen und nochmals zwei Schlingen legen.

Knüpflegende

⊖ LL-K   ⊕ RR-K
⊙ LR-K   ⊙ RL-K

Rechts-Rechts-Knoten (RR-K)
Hier ist immer der rechte Faden der Leitfaden. Dieser wird mit der linken Hand straff nach unten gespannt. Mit der anderen Hand mit dem linken Faden als Knüpffaden zwei Schlingen nach rechts um den Leitfaden legen und nach oben ziehen. Nun beide Fäden nach unten hängen lassen. Jetzt liegt der Knüpffaden rechts vom Leitfaden.

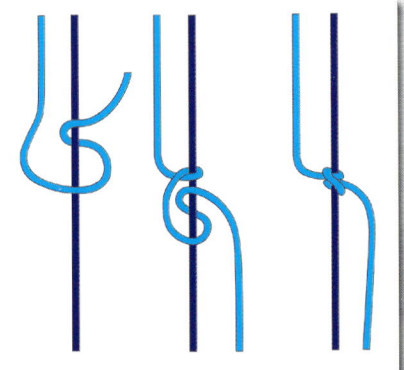

(RR-K)

Links-Links-Knoten (LL-K)
Hier ist immer der linke Faden der Leitfaden. Dieser wird mit der rechten Hand straff nach unten gezogen. Mit der anderen Hand mit dem rechten Knüpffaden nacheinander zwei Schlingen nach links um den Leitfaden legen und nach oben ziehen. Fäden wieder nach unten hängen lassen. Der Knüpffaden liegt nun links.

Rechts-Links-Knoten (RL-K)
Den rechten Faden als Leitfaden mit der linken Hand straff spannen und mit dem linken Faden und der rechten Hand den Knüpffaden zuerst nach rechts um den Leitfaden schlingen und fest anziehen, dann nach links schlingen, nach oben ziehen und etwas weniger fest anziehen.

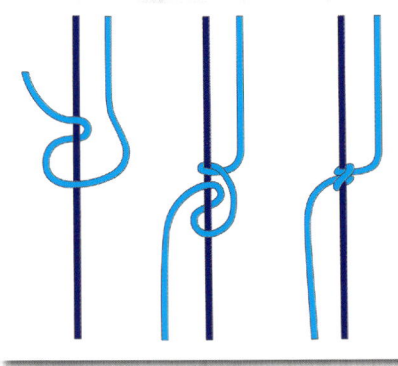

(LL-K)

Links-Rechts-Knoten (LR-K)

Den linken Faden als Leitfaden mit der linken Hand straff spannen, nach unten ziehen und mit dem rechten Faden zuerst nach links um den Leitfaden schlingen, straff nach oben ziehen und dann nach rechts schlingen und etwas weniger fest anziehen. Beide Fäden nach unten hängen lassen.

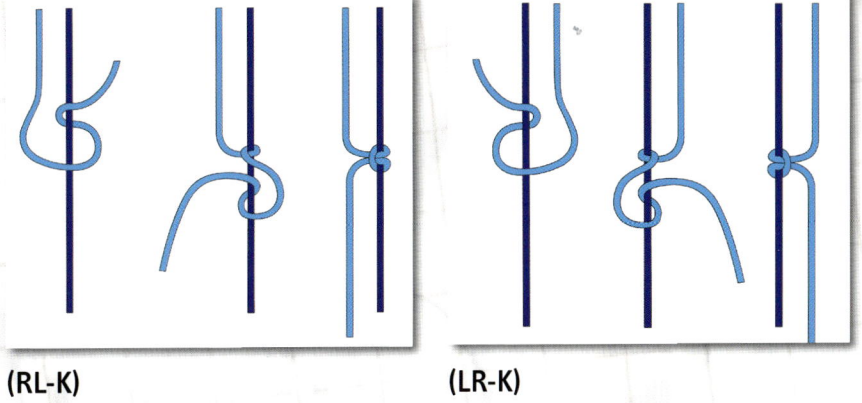

(RL-K)　　(LR-K)

Grundmuster

Beim Grundmuster wird systematisch Reihe für Reihe geknüpft. Die Reihen verlaufen immer schräg von links oben nach rechts unten. Dabei wechseln die Farben bei RR- und LL-Knoten ihre Position. Um einen gleichfarbigen Rand zu erhalten, mit den beiden äußeren Fäden jeweils einen RL-K und einen LR-K knüpfen. Hier bleibt die Farbe immer gleich. Die Schräge kann entweder zu Beginn oder ganz am Ende mit Knoten ausgefüllt werden. Aber auch ein schräger Abschluss ist sehr schön. Acht Fäden ergeben übrigens sieben Knoten.

Beginn und Abschluss

Bei den Freundschaftsbändern werden drei verschiedene Beginn- oder Abschlussarten verwendet:

Flechten mit drei Strängen
Dieser Abschluss ist für sehr breite Bänder ideal. Hier können an jeder Seite zwei Zöpfe geflochten werden. Es kann auch gut mit einer ungeraden Anzahl an Fäden geflochten werden (z.B. pro Zopf 2 x 2 Fäden und 1 x 1 Faden).

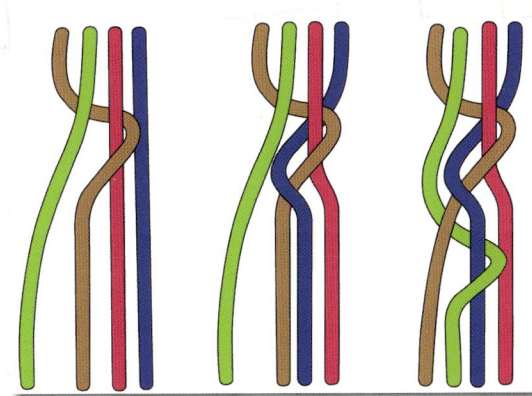

Rundkordel flechten – hier sind vier Stränge nötig
Die Rundkordel darf während des Flechtens nicht aus der Hand gelegt werden. Die Fäden werden in vier gleichfarbige Stränge geteilt. Dann mit dem linken Strang unter den beiden rechts daneben liegenden Strängen und wieder über einen Strang zurück nach links fädeln (siehe Abb.). Anschließend mit dem rechten Strang unter den beiden daneben liegenden Strängen und über einen Strang nach rechts zurückfädeln. Im Wechsel von links nach rechts weiterarbeiten.

Kordel drehen aus zwei Teilen
Hier werden die Fäden in zwei Stränge gelegt. Jeden Strang für sich straff nach rechts drehen. Den rechten Strang auf den linken legen und beide Stränge miteinander verdrehen. Nach der gewünschten Länge die Kordel mit einem Knoten versehen und die Fadenenden nach 1–1,5 cm abschneiden.

Perlen fädeln

Rocailles

Die kleinen Perlen gibt es in vielen Farben und Ausführungen. Beim Kauf sollte man vor allem darauf achten, dass die Perlen die angegebene Größe (ø 2 mm oder 2,5 mm) haben. Außerdem ist es ratsam, möglichst alle Perlen von einem Hersteller zu kaufen, da die Größe trotz gleicher Angabe zwischen den verschiedenen Herstellern deutlich schwanken kann.

Rocailles auf Draht aufziehen

Flache Tiere oder flache Details von Tieren und Figuren, wie z.B. Flügel, werden mit Silberdraht gefertigt. Sie werden nicht plastisch gearbeitet, sondern nur einreihig aufgezogen, d.h. es gibt keine Ober- und Unterseite.

1. Die erste Perlenreihe auf dem Draht fixieren. Dazu die Perle(n) der ersten Reihe auf den Draht aufziehen und in die Mitte schieben. Nun das Drahtende nehmen, das links herausschaut, und nochmals von rechts nach links durchfädeln, sodass sich die Drähte kreuzen. Die erste Perlenreihe ist jetzt fixiert und kann nicht mehr verrutschen.

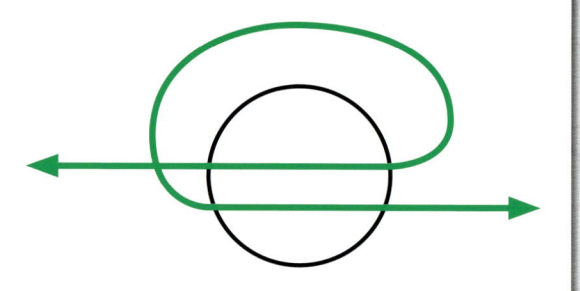

2. Nun die zweite Perlenreihe fädeln. Dazu die Perlen zuerst auf ein Drahtende aufziehen, dann das andere Drahtende entgegengesetzt durch die Perlen ziehen. Dadurch wird die zweite Perlenreihe fixiert und kann nicht mehr verrutschen. Die folgenden Reihen ebenso arbeiten. Dabei die einzelnen Reihen flach aneinanderlegen und darauf achten, dass sie möglicht gerade sind.

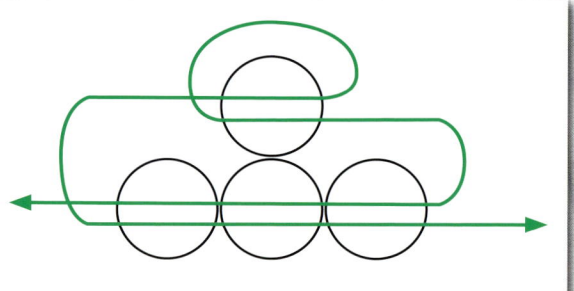

Grundanleitung

Sichern der Drahtenden

Es gibt drei verschiedene Möglichkeiten, um die Drahtenden zu sichern.

1. Endet die Fädelarbeit mit einer relativ breiten Perlenreihe, dann ist es am besten, wenn das rechte Drahtende nochmals durch die vorletzte Perlenreihe gezogen wird, sodass nun beide Enden auf der linken Seite überstehen. Die Drahtenden miteinander verdrehen und abschneiden.

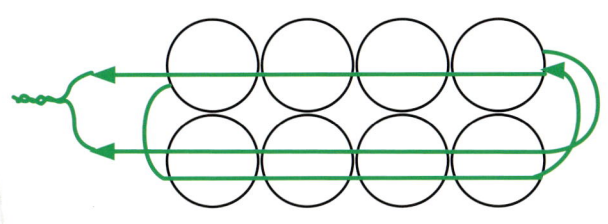

2. Wenn die Füße einer Figur mit den überstehenden Drahtenden des Körpers gefädelt werden, ist es am besten, wenn die Drahtenden anschließend separat gesichert werden. Dazu die Drahtenden auf der jeweiligen Seite mehrmals durch die letzte seitliche Drahtschlaufe des Körpers fädeln und abschneiden. Diese Variante bietet sich auch bei sehr kurzen Drahtenden an.

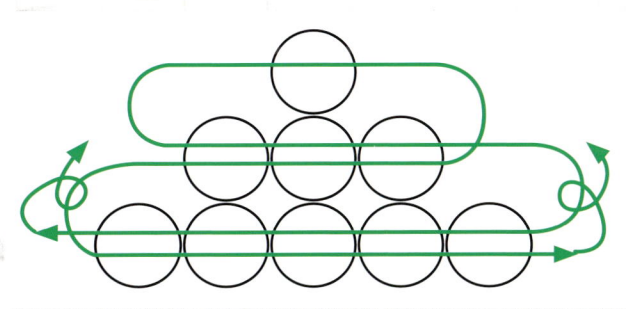

3. Endet die Fädelarbeit mit einer kurzen Perlenreihe oder einer einzelnen Perle, wie z.B. bei Flügelspitzen, Armen oder Händen, können die Drahtenden einfach zusammengeführt und miteinander verdreht werden. Den Rest abschneiden.

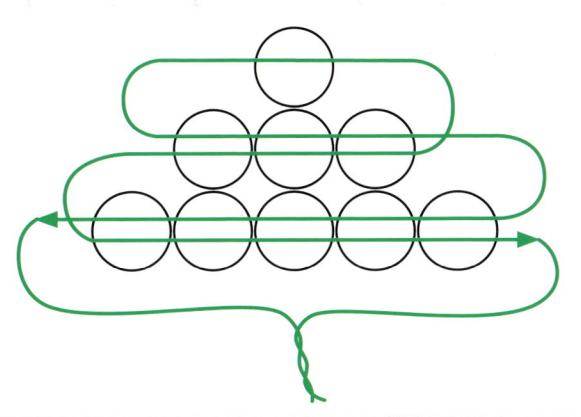

Figuren filzen mit der Nadel

1. Um den Froschkönig auf Seite 76 zu filzen, fertige zunächst eine Schablone aus 2 mm starkem Moosgummi an (siehe Abb.). Nun ein Stück Wolle aus dem Knäuel reißen, welches etwas größer als die Schablone ist. Die Schablone auf einer dicken Schaumgummiunterlage platzieren, die Filzwolle über die Schablonenöffnung legen und etwas in Form drücken. Nun die Fläche mit der Mehrfachnadel anfilzen, dabei die überstehende Wolle entsprechend der Schablone nach innen schlagen und festnadeln. Auf eine gleichmäßige Verteilung der Wolle achten. Die Grundform während des Arbeitens immer wieder von der Unterlage lösen, mitsamt der Schablone umdrehen und von der Rückseite bearbeiten. Dabei gleichmäßig verteilt über die Fläche nadeln.

Vorlage für die Moosgummi-Schablone

2. Anschließend die Ränder mit der feinen Nadel entsprechend der Schablone nacharbeiten, dabei sowohl senkrecht als auch seitlich einstechen und auch die Rückseite nicht vergessen. Beim Übergang von Kopf zu Körper häufig gezielt einstechen, um die Vertiefungen zu formen. Dann von beiden Seiten gleichmäßig über die ganze Fläche nadeln, um sie weiter zu verfestigen. Die fertige Grundform ist flach, entspricht der Schablone und ist so fest, dass sich die Fasern nicht mehr auseinander ziehen lassen.

Grundanleitung

3 Die flache Grundform nun ohne Schablone weiter aufpolstern. Dafür Wollflocken auflegen, am Rand um die Form herumschlagen und festnadeln. Dabei an den Rändern beginnen und anschließend zur Mitte hin nadeln. Für eine schöne Formgebung am Rand häufig einstechen.

4 Die Form nun von allen Seiten nacharbeiten, auch die Kanten. Durch gezieltes mehrmaliges Einstechen lassen sich kleine Beulen glätten. Für schön abgerundete Köpfe und Bäuche nach dem seitlichen Einstechen auch immer zur Mitte der Figur hin filzen.

5 Für die Arme und Beine jeweils eine dünne, schmale, ca. 5 cm lange Wollflocke in der Mitte zusammenlegen und dann von allen Seiten gleichmäßig filzen. Das untere Ende bleibt ungefilzt, hier kann das Röllchen festgehalten werden. Einzelteile, wie Ohren oder Kronen, aus einer breiten Wollflocke in der gewünschten Form filzen.

6 Nun werden die Einzelteile angenadelt. Dazu das ungefilzte Ende auf der Rückseite der Figur ausbreiten und mit gleichmäßigen Stichen fixieren. Dann von allen Seiten einstechen und so die Beine, Arme und Ohren festnadeln, weiter ausformen und schöne Übergänge schaffen.

7 Nun das Gesicht gestalten. Dafür Knöpfe und Perlen aufnähen und den Mund im Steppstich sticken. Zuletzt das Eyelet anbringen. Dafür ein Loch stanzen, die Öse einstecken und von der Rückseite fixieren. Die Figur auf eine schlagfeste Unterlage legen, den Eyeletsetzer aufsetzen und das Eyelet mit einigen Hammerschlägen fixieren.

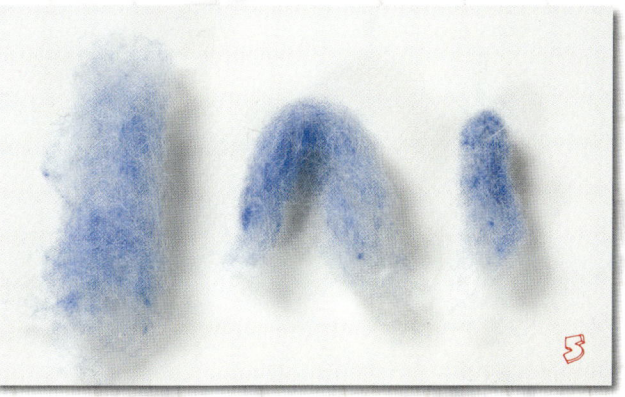

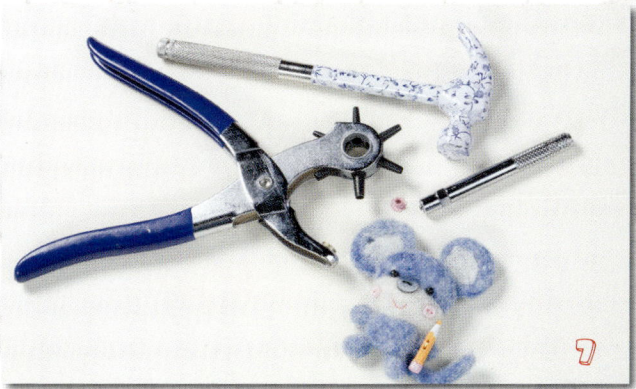

Eier ausblasen und bemalen

Eier ausblasen

Das Ei mit Wasser und Bürste säubern. Oben und unten ein Loch, ca. ø 1,5 mm, stechen. Mit einer kleinen spitzen Schere das Loch auf ø 3 mm vergrößern, sodass dort ein Schaschlikstäbchen hineinpasst. Den Eidotter mit einem Schaschlikstäbchen zerstechen. Das Ei mit dem Mund ausblasen.

Eier bemalen

Das ausgeblasene Ei auf ein Schaschlikstäbchen stecken und oben und unten mit einem Gummiband oder ein wenig Knetmasse fixieren, damit es nicht verrutschen kann. Dann das Ei in die Farbe tauchen oder bemalen und zum Trocknen mit dem Schaschlikstäbchen in einen Topf mit Sand stecken.

Kleine Nähschule

Heftstich

Steppstich (Rückstich)

Überwendlingstich

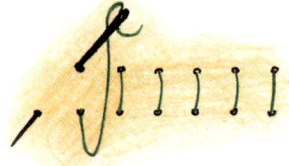

Grundanleitung

Pompons wickeln

1. Zum Fertigen eines Pompons werden vier Plastiksteckteile einer Farbe benötigt. Zwei unterschiedliche Steckteile, Rücken an Rücken, so mit der linken Hand halten, dass sie einen Bogen bilden, und mit der rechten Hand mit dem Wollfaden umwickeln. Die beiden anderen Steckteile ebenfalls umwickeln. Nun die umwickelten Bögen zu einem Ring zusammenstecken. Der fertige Pompon hat durch die aufgewickelte Wolle einen größeren Durchmesser als die Plastiksteckteile. Je nach Wolle hat z.B. ein aus grünen Steckteilen, ø 5,5 cm, gefertigter Pompon beispielsweise einen Durchmesser von etwa 6,5 cm.

2. Die aufgewickelte Wolle ringsum mit einer spitzen scharfen Schere aufschneiden. In den schmalen Spalt zwischen den Plastikteilen einen gleichfarbigen stabilen Wollfaden oder einen Bindfaden legen und fest abbinden. Die beiden Woll- oder Bindfadenenden noch nicht abschneiden. Sie werden evtl. noch benötigt, z.B. als Aufhängung, oder um Pompons miteinander zu verbinden.

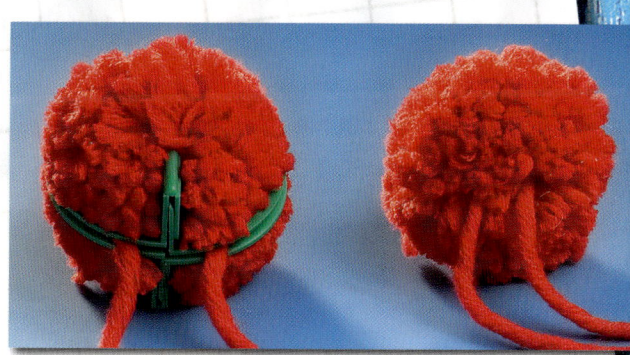

3. Mit einer scharfen Schere den Pompon ringsum leicht stutzen und wenn nötig in Form schneiden.

Praktische Basteltipps

Bastel-Kleidung und Arbeitsplatz

Die optimale Bastel-Kleidung ist ein altes T-Shirt oder ein Malerkittel. Ohne Sorge um deine Lieblingsjeans kannst du dich so ganz auf dein Projekt konzentrieren. Dein Arbeitsplatz solltest du mit Zeitungspapier oder einer alten Wachstischdecke auslegen. Wenn nun die Klebstofftube tropft oder etwas Farbe daneben geht, ist das kein Problem. Denke auch daran nach dem Basteln wieder für Ordnung zu sorgen.

Basteln mit kleinen Kindern

1. Bei einigen Modellen muss mit der Heißklebepistole geklebt oder mit einem Cutter bzw. scharfen Küchenmesser geschnitten werden. Diese Werkzeuge gehören jedoch auf keinen Fall in Kinderhände!

2. Verwende nach Möglichkeit lösungsmittelfreien Klebstoff und Farbe auf Wasserbasis. Sie dünsten keine schädlichen Dämpfe aus und lassen sich aus Kleidung auswaschen.

3. Achte darauf, dass kleine Kinder keine kleinteiligen Dinge in die Finger bekommen, die sie verschlucken können. Das gleiche gilt für Klebstoff, spitze Werkzeuge und Farben.

Hilfestellung zu allen Fragen, die Materialien und Bastelbücher betreffen: Frau Erika Noll berät Sie.

Rufen Sie an: 05052/911858*

*normale Telefongebühren

MODELLE: Monika Berger (Seite 76); Elisabeth Eder (Seite 40); Claudia Guther (Seite 50 und 62); Birgit Hertfelder (Seite 20 und 34); Sieglinde Holl (Seite 94); Yumi Kajiwara-Gottscheber (Seite 86); Birgit Karl (Seite 26, 47, 70, 82, 84 und 85); Angelika Kipp (Seite 30); Sabine Koch (Seite 44 und 92); Kornelia Milan (Seite 110); Pia Pedevilla (Seite 36, 48, 66, 80, 118 und 120); Peter Pohle (Seite 14 und 114); Anja Ritterhoff (Seite 88); Heidrun & Hans H. Röhr (Seite 16); Heike Roland & Stefanie Thomas (Seite 21); Gudrun Schmitt (Seite 12, 18, 64 und 106); Klaus Scholl (Seite 58); Eva Sommer (Seite 22, 27, 28, 42, 46, 54, 61, 78, 96, 100, 108 und 116); Hannelore Süß (Seite 74); Armin Täubner (Seite 10, 13, 38, 43, 60, 68, 90, 104 und 122); Inge Walz (Seite 56 und 124); Tanja Wechs (Seite 8, 52 und 112); Ingrid Wurst (Seite 32)

FOTOS: frechverlag GmbH, 70499 Stuttgart; Ashaeh Khodabakhshi, Schwäbisch Gmünd (Seite 76); Daniela Kofler, Foto-Rapid, Bruneck, Italien (Seite 80); Foto Lehner, Altfalter (Seite 26); lichtpunkt, Michael Ruder, Stuttgart (Seite 8, 10, 12, 34, 40, 44, 46 Papierflieger, 52, 56, 60, 68, 78, 90, 92, 96, 100, 104, 112, 116, 120 und 124); Photo Lehner, Altfalter (Seite 70); Brigitte Pohle (Seite 14 und 114); SAT.1/Guido Engels; SAT.1/Willi Weber; www.istockphoto.com: Jacqueline Southby (Seite 46 Junge); Fotostudio Ullrich & Co., Renningen (alle übrigen Fotos)

PRODUKTMANAGEMENT UND KONZEPT: Susanne Meyer
REDAKTION: Susanne Dubbers, Cosima Jörger und Susanne Meyer
LEKTORAT: Susanne Dubbers und Susanne Meyer
LAYOUT-ENTWICKLUNG UND UMSCHLAG: DSP Zeitgeist GmbH, Ettlingen
LAYOUT-UMSETZUNG UND GESTALTUNG: Katrin Röhlig
ILLUSTRATIONEN: frechverlag GmbH, 70499 Stuttgart (Seite 30); Ursula Schwab, schwab:illustrationen, Handewitt (alle übrigen)
DRUCK UND BINDUNG: Neografia, Slowakei

Materialangaben und Arbeitshinweise in diesem Buch wurden von den Autorinnen und den Mitarbeitern des Verlags sorgfältig geprüft. Eine Garantie wird jedoch nicht übernommen. Autorinnen und Verlag können für eventuell auftretende Fehler oder Schäden nicht haftbar gemacht werden. Das Werk und die darin gezeigten Modelle sind urheberrechtlich geschützt. Die Vervielfältigung und Verbreitung ist, außer für private, nicht kommerzielle Zwecke, untersagt und wird zivil- und strafrechtlich verfolgt. Dies gilt insbesondere für eine Verbreitung des Werkes durch Fotokopien, Film, Funk und Fernsehen, elektronische Medien und Internet sowie für eine gewerbliche Nutzung der gezeigten Modelle. Bei Verwendung im Unterricht und in Kursen ist auf dieses Buch hinzuweisen.

© 2011 **frechverlag** GmbH, 70499 Stuttgart
© des Titels „Der Bastelkönig": SAT.1 www.sat1.de
Lizenz durch: MM MerchandisingMedia GmbH www.merchandisingmedia.com

ISBN 978-3-7724-5194-2
Best.-Nr. 5194

1. Auflage 2011